Langenscheidt

Kurzgrammatik
Latein

Völlige Neubearbeitung

von Linda Strehl

Langenscheidt

Berlin · München · Wien · Zürich · New York

© 2001 by Langenscheidt KG, Berlin und München
Druck: Druckhaus Langenscheidt, Berlin
Printed in Germany
ISBN 3-468-**35202**-6

Inhaltsverzeichnis

Formenlehre

Grammatische Begriffe

Man unterscheidet veränderliche **(flektierbare)** und unveränderliche **(unflektierbare)** Wörter. Flektierbar sind **Verben** und **Nomina**: Substantive, Adjektive, Fürwörter (Pronomina) und Zahlwörter (Numeralia), unflektierbar sind **Partikeln**: Adverbien (Umstandsworte), Präpositionen (Verhältnisworte), Konjunktionen (Bindeworte) und Interjektionen (Ausrufeworte).

Im Lateinischen gibt es keinen Artikel, z. B. heißt puella je nach dem Zusammenhang *das Mädchen, ein Mädchen* oder nur *Mädchen*.

Wie im Deutschen wird die Form des lateinischen Nomens durch den **Kasus** (Fall), den **Numerus** (Zahl) und das **Genus** (Geschlecht) bestimmt.

Die **Flexion** (Beugung) der Nomina heißt **Deklination**. Im Lateinischen gibt es sechs **Kasus**:

Nominativ	auf die Frage „wer oder was?"
Genitiv	auf die Frage „wessen?"
Dativ	auf die Frage „wem?"
Akkusativ	auf die Frage „wen oder was?"
Ablativ	auf die Fragen „womit? wodurch? wo? wann?"
Vokativ	Anredefall

Der **Numerus** eines Nomens ist entweder **Singular** (Einzahl) oder **Plural** (Mehrzahl). Einige Substantive kommen nur im Plural vor, z. B. dīvitiae, ārum – *der Reichtum*. Kasus und Numerus kann man an den Ausgängen erkennen.

Wie im Deutschen gibt es im Lateinischen drei **Genera**: **Maskulinum** (männliches Geschlecht), **Femininum** (weibliches Geschlecht), **Neutrum** (sächliches Geschlecht). Das Genus erkennt man in der Regel an der Nominativendung und der Deklinationszugehörigkeit. Männliche Personen, Flüsse und Winde sind Maskulina, weibliche Personen und Bäume sind Feminina. Nicht deklinierbare Wörter gelten als Neutra.

1 Das Substantiv

Man unterscheidet fünf Deklinationen: a-Deklination, o-Deklination, u-Deklination, e-Deklination und die dritte Deklination, die aus der konsonantischen, der i-Deklination und der gemischten Deklination besteht.

1.1 Die erste oder a–Deklination

f	Singular		Plural	
Nom.	amīca	*die Freundin*	amīcae	*die Freundinnen*
Gen.	amīcae	*der Freundin*	amīcārum	*der Freundinnen*
Dat.	amīcae	*der Freundin*	amīcīs	*den Freundinnen*
Akk.	amīcam	*die Freundin*	amīcās	*die Freundinnen*
Abl.	amīcā	*durch die Freundin*	amīcīs	*durch die Freundinnen*
Vok.	amīca!	*Freundin!*	amīcae!	*Freundinnen!*

Die Substantive der a-Deklination sind **Feminina**. Der Vokativ entspricht dem Nominativ.

● **Ausnahmen:**
Maskulina sind:
agricola, ae – *Bauer;* poēta, ae – *Dichter;* nauta, ae – *Seemann*

● **Pluralwörter:**
dīvitiae, ārum – *Reichtum;* īnsidiae, ārum – *Hinterhalt;* reliquiae, ārum – *Rest*

1.2 Die zweite oder o–Deklination

	Freund	*Feld*	*Geschenk*
Singular	*m*	*m*	*n*
Nom.	amīcus	ager	dōnum
Gen.	amīcī	agrī	dōnī
Dat.	amīcō	agrō	dōnō
Akk.	amīcum	agrum	dōnum
Abl.	amīcō	agrō	dōnō
Vok.	amīce!	ager!	dōnum!

Plural			
Nom.	amīcī	agrī	dōna
Gen.	amīcōrum	agrōrum	dōnōrum
Dat.	amīcīs	agrīs	dōnīs
Akk.	amīcōs	agrōs	dōna
Abl.	amīcīs	agrīs	dōnīs
Vok.	amīcī!	agrī!	dōna!

Die Substantive der o-Deklination auf **–us** und **–er** sind **Maskulina**, die auf **–um** sind **Neutra**. Bei den Substantiven auf -er bleibt bei der Deklination das -e- entweder erhalten (puer, puerī *m – Junge*) oder es entfällt (ager, agrī *m – Acker*).

Bei den **Neutra** ist der **Akkusativ** gleich dem **Nominativ**, im Plural lautet er immer auf **–a**.

Die **Maskulina** auf -us bilden den **Vokativ** mit **–e**, außer filius, ī *m – Sohn,* und die Eigennamen auf -ius: Sie bilden den Vokativ auf **–ī**, z. B. Gaius: Gaī! *– Gaius!* und mī fīlī! *– mein Sohn!*

- **Ausnahmen:**
Neutrum ist:
vulgus, ī *– Volksmenge*
Feminina sind:
humus, ī *– Boden,* ebenso die Bäume, Länder, Inseln und Städte: Aegyptus, ī *– Ägypten;* Rhodus, ī *– Rhodos;* Corinthus, ī *– Korinth*

- **Pluralwörter:**
liberī, ōrum *m – Kinder;* castra, ōrum *m – Lager;* arma, ōrum *n – Waffen*

- **andere Bedeutung im Plural als im Singular haben:**

auxilium, ī *n*	Hilfe	auxilia, ōrum *n*	Hilfstruppen
vinculum, ī *n*	Fessel	vincula, ōrum *n*	Gefängnis

- **unregelmäßige Bildung:**
  - **deus** *m – Gott* hat im Plural neben den regelmäßigen auch unregelmäßige Formen: dī/deī, deum/deōrum, dīs/deīs, deōs, dīs/deīs. Der Vokativ ist gleich dem Nominativ.
  - **locus** *m* bildet zwei verschiedene Pluralformen mit unterschiedlicher Bedeutung: locī, ōrum *m – Stellen (in Büchern);* loca, ōrum *n – Orte, Gegend*

1.3 Die dritte Deklination

Zur dritten Deklination gehören die Konsonantenstämme, die i-Stämme und die Mischklasse.

1.3.1 Die Konsonantenstämme

	Arbeit	*Gebiet*	*Bündnis*	*Fluss*
Sg.	*m*	*f*	*n*	*n*
Nom.	labor	regiō	foedus	flumen
Gen.	labōris	regiōnis	foederis	fluminis
Dat.	labōrī	regiōnī	foederī	fluminī
Akk.	labōrem	regiōnem	foedus	flumen
Abl.	labōre	regiōne	foedere	flumine
Pl.				
Nom.	labōrēs	regiōnēs	foedera	flumina
Gen.	labōrum	regiōnum	foederum	fluminum
Dat.	labōribus	regiōnibus	foederibus	fluminibus
Akk.	labōrēs	regiōnēs	foedera	flumina
Abl.	labōribus	regiōnibus	foederibus	fluminibus

Die Substantive der Konsonantenstämme haben im **Abl. Sg.** die Endung **–e** und im **Gen. Pl.** die Endung **–um**. Die Neutra besitzen im **Nom.** und **Akk.** die gleiche Endung, im Pl. lautet sie **–a**. Der **Vokativ** entspricht dem Nominativ.

Maskulina sind die Wörter auf:

–or, –ōris	lābor, labōris	*Arbeit*
–ōs, –ōris	mōs, mōris	*Sitte*
–er, –eris	agger, aggeris	*Damm*
–es, –itis	mīles, mīlitis	*Soldat*
–l, –lis	sōl, sōlis	*Sonne*

- **Ausnahmen:**

Neutra sind:
aequor, aequoris – *Meeresfläche;* ōs, ōris – *Mund;* vēr, vēris – *Frühling;* iter, itineris – *Weg, Reise;* aes, aeris – *Erz*
Femininum ist:
arbor, arboris – *Baum*

Feminina sind die Wörter auf:

–ō, –ōnis	regiō, regiōnis	*Gegend*
–ō, –inis	orīgō, orīginis	*Ursprung*

- **Ausnahmen:**

Maskulina sind:
homō, hominis – *Mensch;* sermō, ōnis – *Gespräch;* ōrdō, ōrdinis – *Ordnung;* leō, leō-
nis – *Löwe;* sanguis, sanguinis – *Blut*

–ās, –ātis	aestās, aestātis	*Sommer*
–ēs, –ēdis	mercēs, mercēdis	*Lohn*
–ēs, –ētis	quiēs, quiētis	*Ruhe*
–ōs, –ōtis	dōs, dōtis	*Gabe*
–ūs, –ūdis	palūs, palūdis	*Sumpf*
–ūs, –ūtis	virtūs, virtūtis	*Tugend*

- **Ausnahmen:**

Maskulina sind:
obses, obsidis – *Geisel;* pēs, pedis – *Fuß;* pariēs, parietis – *Wand;* lapis, lapidis – *Stein*

–x, –cis	vōx, vōcis	*Stimme*
–x, –gis	lēx, lēgis	*Gesetz*
–bs, –bis	plēbs, plēbis	*Volk*
sowie	hiems, hiemis	*Winter*

- **Ausnahmen:**

Maskulina sind:
grex, gregis – *Herde;* vertex, verticis – *Scheitel*

- **Pluralwörter:**

precēs, precum *f* – *Bitten;* frūgēs, frūgum *f* – *Getreide;* opēs, opum *f* – *Schätze, Macht*

Neutra sind die Wörter auf:

–men, –minis	nūmen, nūminis	*Gottheit*
–us, –eris	genus, generis	*Geschlecht*
–us, –oris	corpus, corporis	*Körper*
sowie	caput, capitis – *Kopf;* iter, itineris – *Reise, Weg;* robur,	
	roboris – *Kraft;* aes, aeris – *Erz;* iūs, iūris – *Recht;* rūs,	
	rūris – *Land;* vās, vāsis – *Gefäß*	

- **Ausnahme:**
Femininum ist:
tellūs, tellūris – *Erde*

- **unregelmäßige Bildung:**
  - **pater**, patris *m* – *Vater;* **māter**, mātris *f* – *Mutter;* **frāter**, frātris *m* – *Bruder*
    haben im **Gen. Pl. –um**, ebenso **canis**, canis *m* – *Hund;* **iuvenis**, iuvenis *m* – *junger Mann;* **sēdes**, sēdis *f* – *Sitz*
  - **Iuppiter** *m* – *Jupiter:* Iuppiter, Iovis, Iovī, Iovem, Iove
  - **bōs** *m/f* – *Rind:* Sg.: bōs, bovis, bovī, bovem, bove, Pl.: bovēs, boum, bōbus
    (būbus), bovēs, bōbus (būbus)
  - **vās** *n* – *Gefäß:* Sg.: vās, vāsis, vāsī, vās, vāse, Pl.: vāsa, vāsōrum, vāsīs, vāsa, vāsīs

- **nicht deklinierbar sind:**
fās *n* – *göttliches Recht;* nefās *n* – *Frevel*

1.3.2 i–Stämme

	Turm	*Meer*	*Tier*
Sg.	*f*	*n*	*n*
Nom.	turris	mare	animal
Gen.	turris	maris	animālis
Dat.	turrī	marī	animālī
Akk.	turrim	mare	animal
Abl.	turrī	marī	animālī
Pl.			
Nom.	turrēs	maria	animālia
Gen.	turrium	marium	animālium
Dat.	turribus	maribus	animālibus
Akk.	turrēs	maria	animālia
Abl.	turribus	maribus	animālibus

Die Substantive der i-Stämme haben im **Abl. Sg.** die Endung **–i** und im **Gen. Pl.** die
Endung **–ium**. Die Neutra haben im **Nom.** und **Akk.** die gleiche Endung, im Pl. lautet
sie **–ia**. Der **Vokativ** entspricht dem Nominativ.

Feminina sind die gleichsilbigen Wörter auf:

–is, –is	turris, turris	*Turm*
	sitis, sitis	*Durst*
sowie	vīs	*Kraft* (im Singular nur: vīs (Nom.), vim (Akk.) und vī (Abl.))

Neutra sind die Wörter auf:

–al, –ālis	animal, animālis	*Tier*
–ar, –aris	par, pāris	*das Gleiche*
–e, –is	mare, maris	*Meer*

- **Pluralwörter:**

moenia, moenium *n – Stadtmauer;* vīrēs, vīrium *f – Streitkräfte*

1.3.3 Mischklasse

	Schiff	*Nacht*	*Herz*
Sg.	*f*	*f*	*n*
Nom.	nāvis	nox	cor
Gen.	nāvis	noctis	cordis
Dat.	nāvī	noctī	cordī
Akk.	nāvem	noctem	cor
Abl.	nāve	nocte	corde
Pl.			
Nom.	nāvēs	noctēs	corda
Gen.	nāvium	noctium	cordium
Dat.	nāvibus	noctibus	cordibus
Akk.	nāvēs	noctēs	corda
Abl.	nāvibus	noctibus	cordibus

Die Substantive der Mischklasse haben im Singular die Endungen der Konsonantenstämme und im Plural die Endungen der i-Stämme, d. h., im **Abl. Sg.** die Endung **–e** und im **Gen. Pl.** die Endung **–ium**. Die Neutra haben im **Nom.** und **Akk.** die gleiche Endung, im Pl. lautet sie **–a**. Der **Vokativ** entspricht dem Nominativ.

Feminina sind die gleichsilbigen Wörter auf:

| -is, -is | classis, classis | *Flotte* |
| -ēs, -is | nūbēs, nūbis | *Wolke* |

- **Ausnahmen:**
Maskulina sind:
die Wörter auf -nis, z. B. fīnis, fīnis – *Grenze;* ignis, ignis – *Feuer* sowie collis, collis –
Hügel; orbis, orbis – *Kreis;* mēnsis, mēnsis – *Monat;* piscis, piscis – *Fisch*

Feminina sind auch die Wörter mit zwei oder mehr Konsonanten am Ende des Wort-
stocks:

-rb-	urbs, urbis	*Stadt*
-rp-	stirps, stirpis	*Wurzel*
-rc-	arx, arcis	*Burg*
-rt-	sors, sortis	*Schicksal*
-nt-	gēns, gentis	*Stamm*
-nd-	frōns, frondis	*Laub*
-ct-	nox, noctis	*Nacht*
sowie	fraus, fraudis – *Betrug;* līs, lītis – *Streit;*	
	nix, nivis – *Schnee;* carō, carnis – *Fleisch*	

- **Ausnahmen:**
Maskulina sind:
imber, imbris – *Regen;* venter, ventris – *Magen;* dens, dentis – *Zahn;* fōns, fontis –
Quelle; mōns, montis – *Berg;* pōns, pontis – *Brücke*
Neutra sind:
lac, lactis – *Milch;* mel, mellis – *Honig;* cor, cordis – *Herz*

- **Pluralwörter:**
faucēs, ium *f* – *Schlund, Schlucht;* Alpēs, Alpium *f* – *die Alpen*

- **andere Bedeutung im Plural als im Singular haben:**

aedēs, aedis *f*	*Tempel*	aedēs, aedium *f*	*Haus*
fīnis, fīnis *m*	*Grenze*	fīnēs, fīnium *m*	*Gebiet*
pars, partis *f*	*Teil*	partēs, partium *f*	*Partei*

1.4 Die u-Deklination

	Schritt	Horn
Sg.	*m*	*n*
Nom.	pass**us**	corn**ū**
Gen.	pass**ūs**	corn**ūs**
Dat.	pass**uī**	corn**uī** (-ū)
Akk.	pass**um**	corn**ū**
Abl.	pass**ū**	corn**ū**
Pl.		
Nom.	pass**ūs**	corn**ua**
Gen.	pass**uum**	corn**uum**
Dat.	pass**ibus**	corn**ibus**
Akk.	pass**ūs**	corn**ua**
Abl.	pass**ibus**	corn**ibus**

Die Substantive der u-Deklination sind entweder **Maskulina** auf **-us** oder **Neutra** auf **-ū**:

-us, -ūs	cursus, cursūs	*Lauf*
-ū, -ūs	cornū, cornūs	*Horn*

● Ausnahmen:
Feminina sind:
manus, manūs – *Hand;* porticus, porticūs – *Säulengang;* domus, domūs – *Haus;* tribus, tribūs – *Stadtviertel*

● unregelmäßige Bildung:
domus – *Haus:* Sg.: domus, domūs, domuī, domum, domō, Pl.: domūs, domuum/domōrum, domibus, domūs/domōs, domibus

1.5 Die e-Deklination

Sache	**Sg.**	**Pl.**
Nom.	rēs	rēs
Gen.	reī	rērum
Dat.	reī	rēbus
Akk.	rem	rēs
Abl.	rē	rēbus

1 *Das Substantiv*

Die Substantive der e-Deklination sind **Feminina**:

fidēs, fideī	*Treue*
spēs, speī	*Hoffnung*

- **Ausnahmen:**

Maskulina sind:

diēs, diēī – *Tag* (In der Bedeutung „*Termin*" ist diēs Femininum: diēs constitūta – *der vereinbarte Termin);* merīdiēs, merīdiēī – *Mittag*

- **Spezialbedeutungen** von rēs:

rēs pūblica – *Staat;* rēs familiāris – *Vermögen;* rēs secundae – *Glück;* rēs adversae – *Unglück*

2 Das Adjektiv

2.1 Die erste (a-) und zweite (o-)Deklination

- Adjektive auf **-us, -a, -um**

	Sg.			Pl.		
	m	f	n	m	f	n
Nom.	bonus	bona	bonum	bonī	bonae	bona
Gen.	bonī	bonae	bonī	bonōrum	bonārum	bonōrum
Dat.	bonō	bonae	bonō	bonīs	bonīs	bonīs
Akk.	bonum	bonam	bonum	bonōs	bonās	bona
Abl.	bonō	bonā	bonō	bonīs	bonīs	bonīs

- Adjektive auf **-er**

	Sg.			Pl.		
	m	f	n	m	f	n
Nom.	līber	lībera	līberum	līberī	līberae	lībera
Gen.	līberī	līberae	līberī	līberōrum	līberārum	līberōrum
Dat.	līberō	līberae	līberō	līberīs	līberīs	līberīs
Akk.	līberum	līberam	līberum	līberōs	līberās	lībera
Abl.	līberō	līberā	līberō	līberīs	līberīs	līberīs

Zu den Adjektiven der a- und o-Deklination gehören **Adjektive auf -us, -a, -um** sowie **Adjektive** auf **-er**. Letztere unterscheiden sich von denen auf -us nur im Nominativ Singular. Bei einigen entfällt in allen Formen im Wortstock das **-e-**, z. B. pulcher, pulchra, pulchrum – *schön;* niger, nigra, nigrum – *schwarz.*

Wie bei den Substantiven der o-Deklination bildet man den **Vokativ** beim Maskulinum Singular der Adjektive auf -us, -a, um mit **-e**.

- **substantivierte Adjektive:**
posterī, ōrum – *die Nachkommen;* superī, ōrum – *die Götter des Himmels;* īnferī, ōrum – *die Unterirdischen, die Unterwelt.*

2.2 Die dritte Deklination

2.2.1 Konsonantenstämme

	alt		
Sg.	*m*	*f*	*n*
Nom.	vetus	vetus	vetus
Gen.	veteris	veteris	veteris
Dat.	veterī	veterī	veterī
Akk.	veterem	veterem	vetus
Abl.	vetere	vetere	vetere
Pl.			
Nom.	veterēs	veterēs	vetera
Gen.	veterum	veterum	veterum
Dat.	veteribus	veteribus	veteribus
Akk.	veterēs	veterēs	vetera
Abl.	veteribus	veteribus	veteribus

	länger		
Sg.	*m*	*f*	*n*
Nom.	longior	longior	longius
Gen.	longiōris	longiōris	longiōris
Dat.	longiōrī	longiōrī	longiōrī
Akk.	longiōrem	longiōrem	longius
Abl.	longiōre	longiōre	longiōre
Pl.			
Nom.	longiōrēs	longiōrēs	longiōra
Gen.	longiōrum	longiōrum	longiōrum
Dat.	longiōribus	longiōribus	longiōribus
Akk.	longiōrēs	longiōrēs	longiōra
Abl.	longiōribus	longiōribus	longiōribus

Diese Gruppe hat im **Abl. Sg.** die Endung **–e**, im **Gen. Pl.** die Endung **–um** und im **Nom.** und **Akk. Pl. Neutr.** die Endung **–a**.

Die Adjektive dieser Deklination sind **einendig**, die Komparative **zweiendig** (→ S. 18). Dazu gehören auch folgende Adjektive der konsonantischen Deklination:
dīves, dīvitis – *reich;* pauper, pauperis – *arm;* prīnceps, prīncipis – *der Erste;* particeps, participis – *teilnehmend;* compos, compotis – *mächtig,* superstes, superstetis – *abergläubisch.*

2.2.2 i–Stämme

	scharf		
Sg.	*m*	*f*	*n*
Nom.	ācer	ācris	ācre
Gen.	ācris	ācris	ācris
Dat.	ācrī	ācrī	ācrī
Akk.	ācrem	ācrem	ācre
Abl.	ācrī	ācrī	ācrī
Pl.			
Nom.	ācrēs	ācrēs	ācria
Gen.	ācrium	ācrium	ācrium
Dat.	ācribus	ācribus	ācribus
Akk.	ācrēs	ācrēs	ācria
Abl.	ācribus	ācribus	ācribus

	rufend		
Sg.	*m*	*f*	*n*
Nom.	vocāns	vocāns	vocāns
Gen.	vocantis	vocantis	vocantis
Dat.	vocantī	vocantī	vocantī
Akk.	vocantem	vocantem	vocāns
Abl.	vocante (-ī)	vocante (-ī)	vocante (-ī)
Pl.			
Nom.	vocantēs	vocantēs	vocantia
Gen.	vocantium	vocantium	vocantium
Dat.	vocantibus	vocantibus	vocantibus
Akk.	vocantēs	vocantēs	vocantia
Abl.	vocantibus	vocantibus	vocantibus

Diese Gruppe hat im **Abl. Sg. –ī**, im **Gen. Pl. –ium** und im **Nom.** und **Akk. Pl. Neutr. –ia**.

Die i-Stämme umfassen **dreiendige, zweiendige und einendige Adjektive** sowie das **einendige Partizip Präsens Aktiv**. Im Nom. Sg. haben die dreiendigen für jedes Geschlecht eine eigene Form, die zweiendigen besitzen eine gemeinsame Form für Maskulinum und Femininum, und die einendigen haben für alle drei Geschlechter die gleiche Form, z. B.:

dreiendig: celer *m*, celer**is** *f*, celer**e** *n – schnell*
zweiendig: brev**is** *m*, brev**is** *f*, brev**e** *n – kurz*
einendig: fēl**īx** *m*, fēl**īx** *f*, fēl**īx** *n – glücklich,* sapiēns *m*, sapiēns *f*, sapiēns *n – weise*

- **Ausnahmen**:
Die einendigen Adjektive (im-)memor, (im-)memoris – *sich (nicht) erinnernd;* inops, inopis – *mittellos;* vigil, vigilis – *wachsam* haben im **Abl. Sg. -ī** und im **Gen. Pl. -um**.

Das **Partizip Präsens Aktiv** endet im **Abl. Sg.** beim prädikativen Gebrauch auf **–e** (z. B. sole oriente – bei Sonnenaufgang), bei adjektivischem Gebrauch auf **–ī** (z. B. ardentī studio – mit glühendem Eifer).

 Unterscheiden Sie: Adjektive der i-Deklination auf -er: z. B. ācer, ācris, ācre – *scharf,* und Adjektive der o-Deklination auf -er, z. B. asper, aspera, asperum – *rau.*

2.3 Die Komparation

Man unterscheidet drei Stufen: **Positiv** – Grundstufe, **Komparativ** – Vergleichsstufe und **Superlativ** – Höchststufe. Statt der Höchststufe kann der lateinische Superlativ auch einen außergewöhnlich hohen Grad bezeichnen **(Elativ)** und wird dann in der Regel mit „sehr" übersetzt, z. B. pulcherrimus, a, um – *sehr schön, wunderschön.*

Der **Komparativ** wird gebildet, indem man an den Wortstock die Endung **–ior** für **Maskulinum** und **Femininum** und für das **Neutrum** die Endung **–ius** anfügt: longior, longiōris *m/f – länger;* ācrius, ācriōris *n – schärfer* (Deklination → S. 16).

Der **Superlativ** wird durch Anfügen der Endung **–issimus, –issima, –issimum** gebildet. An die Adjektive der o-Deklination auf -er und die der konsonantischen Deklination wird **–rimus, –rima, –rimum** angefügt. facilis, e – *leicht,* difficilis, e – *schwer,* similis, e – *ähnlich,* dissimilis, e – *unähnlich* und humilis, e – *niedrig* bilden den Superlativ **mit -limus, -lima, -limum**:

longus, a, um *(lang)*	longior, ius	longissimus, a, um
brevis, e *(kurz)*	brevior, ius	brevissimus, a, um
prūdēns, ntis *(klug)*	prūdentior, ius	prūdentissimus, a, um
pulcher, chra, chrum *(schön)*	pulchrior, ius	pulcherrimus, a, um
facilis, e *(leicht)*	facilior, ius	facillimus, a, um

- **unregelmäßige Bildung:**
  - vetus *(alt)* – vetustior – vetustissimus
  - dīves *(reich)* – dīvitior – dīvitissimus
  - Die Adjektive auf **–dicus, –ficus und –volus** haben im Komparativ und Superlativ erweiterte Ausgänge: magnificus *(großartig)* – magnificentior – magnificentissimus; benevolus *(wohlwollend)* – benevolentior – benevolentissimus.

• Komparation mit Stammwechsel:

bonus, a, um *(gut)*	melior, ius	optimus, a, um
malus, a, um *(schlecht)*	peior, ius	pessimus, a, um
magnus, a, um *(groß)*	māior, ius	māximus, a, um
parvus, a, um *(klein)*	minor, us	minimus, a, um
multum *(viel)*	plūs	plūrimum
multī, ae, a *(viele)*	plūrēs, a	plūrimī, ae, a *(die meisten)*
	(Gen. Pl. -ium) *(mehr)*	
	complūrēs, a	plērīque, plēraeque,
	(Gen. Pl. -ium) *(mehrere)*	plēraque *(die meisten)*

• Komparation durch Umschreibung:

Die Adjektive auf **–us mit vorhergehendem Vokal** bilden den Komparativ durch Umschreibung mit **magis** und den Superlativ durch Umschreibung mit **māximē**: magis idōneus – *geeigneter*, māximē necessārius – *der notwendigste*. Das gilt auch für ferus – *wild*, frūgifer – *fruchtbar*, gnārus – *kundig*, īgnārus – *unkundig*, mīrus – *wunderbar*, laudābilis – *lobenswert*, inops – *mittellos*: z. B. māximē gnārus – *sehr kundig*. Ausnahme: antiquus *(alt)* – antiquior – antiquissimus.

• unvollständige Komparation:

Einige Komparative und Superlative haben im Positiv kein Adjektiv, sondern sind von Präpositionen (→ S. 58) hergeleitet:

intrā	interior, ius	*der innere*	intimus, a, um	*der innerste*
extrā	exterior, ius	*der äußere*	extrēmus, a, um	*der äußerste*
īnfrā	īnferior, ius	*der untere*	īnfimus, a, um	*der unterste*
suprā	superior, ius	*der obere*	suprēmus, a, um	*der oberste*
prae	prīor, ius	*der frühere*	prīmus, a, um	*der Erste*
post	posterior, ius	*der hintere, spätere*	postrēmus, a, um	*der hinterste, Letzte*
prope	propior, ius	*der nähere*	proximus, a, um	*der nächste*
ultrā	ulterior, ius	*der jenseitige*	ultimus, a, um	*der Letzte, äußerste*
citrā	citerior, ius	*diesseitig*	–	
dē	dēterior, ius	*geringer, schlechter*	dēterrimus, a, um	*der geringste, schlechteste*

3

3 Das Adverb

Das Adverb ist eine nähere Bestimmung zu einem Verb und unveränderlich.

Die Adjektive der **o-Deklination** bilden das Adverb durch Anfügen von **–ē**, die der **konsonantischen Deklination** durch Anfügen von **–iter** an den Wortstock.

Der Komparativ des Adverbs entspricht dem Neutrum Singular des Komparativs des Adjektivs, z. B. iustius – *auf gerechtere Weise;* der Superlativ wird wie der entsprechende Superlativ des Adjektivs gebildet und bekommt die Endung **–ē**, z. B. vēlōcissimē – *am schnellsten.*

molestus *(lästig)*	molestē	molestius	molestissimē
pulcher *(schön)*	pulchrē	pulchrius	pulcherrimē
celer *(schnell)*	celeriter	celerius	celerrimē
fēlīx *(glücklich)*	fēliciter	fēlicius	fēlicissimē

- **unregelmäßige Bildung:**
  - **bonus** *(gut)* bildet das Adverb **bene** mit der Komparation **melius, optimē**
  - **malus** *(schlecht)* bildet **male** mit der Komparation **peius, pessimē**
  - auf **–ō** statt -ē enden: crēbrō – *häufig,* falsō – *fälschlicherweise,* prīmō – *früher,* postrēmō – *schließlich,* rārō – *selten,* meritō – *verdientermaßen*
  - **vērus** *(wahr)* bildet zwei verschiedene Adverbformen: vērē – *wahrhaftig, wirklich,* aber: vērō – *aber, in der Tat*
  - Bei folgenden Adjektiven dient der **Akk. Sg. Neutr.** als Adverb: primum – *zuerst,* prius – *früher,* nimium – *zu viel,* potius – *eher,* potissimum – *am ehesten,* facile – *leicht,* plērumque – *meistens*
  - Die Adjektive auf **–āns, –antis** und **–ēns, –entis** haben statt -iter nur den Ausgang **–er**: cōnstāns *(standhaft)* – cōnstanter, clemēns *(mild)* – clementer

4 Pronomina (Fürwörter)

Das Pronomen steht stellvertretend für ein Nomen (pro nomine).

4.1 Personalpronomina (persönliche Fürwörter)

Sg.	1. Person		2. Person	
Nom.	egō	ich	tū	du
Gen.	meī*	meiner	tuī*	deiner
Dat.	mihī	mir	tibī	dir
Akk.	mē	mich	tē	dich
Abl.	ā mē	von mir	ā tē	von dir
Pl.				
Nom.	nōs	wir	vōs	ihr
Gen.	nostrī/nostrum*	unser	vestrī/vestrum*	euer
Dat.	nōbis	uns	vōbis	euch
Akk.	nōs	uns	vōs	euch
Abl.	ā nōbīs	von uns	ā vōbīs	von euch

Sg.	3. Person nicht reflexiv		reflexiv	
Nom.	is/ea/id	er/sie/es	–	
Gen.	eius	seiner/ihrer/seiner	suī*	seiner/ihrer
Dat.	eī	ihm/ihr/ihm	sibī	sich
Akk.	eum/eam/id	ihn/sie/es	sē	sich
Abl.	eō/eā/eō	durch ihn/sie/es	ā sē	von sich
Pl.				
Nom.	iī (eī)/eae/ea	sie	–	
Gen.	eōrum/eārum/eōrum	ihrer	suī*	ihrer
Dat.	iīs (eīs)	ihnen	sibī	sich
Akk.	eōs/eās/ea	sie	sē	sich
Abl.	iīs (eīs)	durch sie	ā sē	von sich

* Ersatz durch den Genitiv des Possessivpronomens

4.2 Demonstrativpronomina (hinweisende Fürwörter)

- **is, ea, id** – *dieser* (Deklination → S. 21)
- **hic, haec, hoc** – *dieser*
- **ille, illa, illud** – *jener*
- **iste, ista, istud** – *dieser da:* Deklination wie **ille**
- **idem, eadem, idem** – *der gleiche*
- **ipse, ipsa, ipsum** – *selbst*

Sg.	Nom.	hic	haec	hoc	ille	illa	illud
	Gen.		huius			illīus	
	Dat.		huic			illī	
	Akk.	hunc	hanc	hoc	illum	illam	illud
	Abl.	hōc	hāc	hōc	illō	illā	illō
Pl.	Nom.	hī	hae	haec	illī	illae	illa
	Gen.	hōrum	hārum	hōrum	illōrum	illārum	illōrum
	Dat.		hīs			illīs	
	Akk.	hōs	hās	haec	illōs	illās	illa
	Abl.		hīs			illīs	
Sg.	Nom.	īdem	eadem	idem	ipse	ipsa	ipsum
	Gen.		eiusdem			ipsīus	
	Dat.		eīdem			ipsī	
	Akk.	eundem	eandem	idem	ipsum	ipsam	ipsum
	Abl.	eōdem	eādem	eōdem	ipsō	ipsā	ipsō
Pl.	Nom.	īdem	eaedem	eadem	ipsī	ipsae	ipsa
	Gen.	eōrundem	eārundem	eōrundem	ipsōrum	ipsārum	ipsōrum
	Dat.		eīsdem (īsdem)			ipsīs	
	Akk.	eōsdem	eāsdem	eadem	ipsōs	ipsās	ipsa
	Abl.		eīsdem (īsdem)			ipsīs	

4.3 Possessivpronomina (besitzanzeigende Fürwörter)

	Sg.		Pl.	
1. Ps.	meus, a, um	*mein*	noster, tra, trum	*unser*
2. Ps.	tuus, a, um	*dein*	vester, tra, trum	*euer*
3. Ps.	suus, a, um	*sein/ihr*	suus, a, um	*sein/ihr*

Die Deklination erfolgt wie bei den Adjektiven der a- und o-Deklination (→ S. 15).

In der dritten Person werden die **reflexiven** (rückbezüglichen) Pronomen verwendet, wenn sich das Pronomen auf das Subjekt desselben Satzes bezieht, z.B.: Marcus amīcum suum invītat. – *Marcus lädt seinen* (eigenen) *Freund ein.* Bezieht sich das Possessivpronomen auf ein Substantiv, das in einem anderen Fall steht, wird die **nicht reflexive** Form benötigt, d.h. eius/eōrum tritt an die Stelle: Etiam frātrem eius invītat. – *Er lädt auch seinen* (d.h. den des Freundes) *Bruder ein.*

4.4 Relativpronomina (bezügliche Fürwörter)

- **quī, quae, quod** – *der, die, das (welcher, welche, welches)*

Sg.	Nom.	quī	quae	quod	*der/die/das*
	Gen.		cuius		*dessen/deren/dessen*
	Dat.		cui		*dem/der/dem*
	Akk.	quem	quam	quod	*den/die/das*
	Abl.	quō	quā	quō	*durch den/die/das*
Pl.	Nom.	quī	quae	quae	*die*
	Gen.	quōrum	quārum	quōrum	*deren*
	Dat.		quibus		*denen*
	Akk.	quōs	quās	quae	*die*
	Abl.		quibus		*durch die*

- verallgemeinernde Relativpronomina:
  quisquis, quicquid (subst.) und **quīcumque, quaecumque, quodcumque** (subst. und adj.) – *wer auch immer = jeder, der; was auch immer = alles, was.*
  Unter Beibehaltung der Silbe -cumque dekliniert sich quisquis wie quis, quid (→ S. 25) bzw. quī, quae, quod.

4.5 Indefinitpronomina (unbestimmte Fürwörter)

- **aliquis, aliquid** – *irgendeiner, jemand, irgendetwas* (subst.) und **aliquī, aliqua, aliquod** – *irgendein* (adj.)

	Sg. (subst.)		Sg. (adj.)		
Nom.	aliquis	aliquid	aliquī	aliqua	aliquod
Gen.	alicuius	alicuius reī		alicuius	
Dat.	alicui	alicui reī		alicui	
Akk.	aliquem	aliquid	aliquem	aliquam	aliquod
Abl.	aliquō	aliquā rē	aliquō	aliquā	aliquō

	Pl. (adj.)		
Nom.	aliquī	aliquae	aliqua
Gen.	aliquōrum	aliquārum	aliquōrum
Dat.		aliquibus	
Akk.	aliquōs	aliquās	aliqua
Abl.		aliquibus	

Nach sī – *wenn*, nisī – *wenn nicht*, nē – *dass nicht, damit nicht* und num – *ob* **fällt ali– weg**, z. B.: sī quis – *wenn irgendjemand.*

- **quisquam, quicquam** – *irgendjemand, irgendetwas* (subst. in verneinten Sätzen): Deklination wie quis (→ S. 25) unter Beibehaltung der Silbe -quam

- **quīdam, quaedam, quiddam** (subst.) und **quīdam, quaedam, quoddam** (adj.) – *ein gewisser*

Sg.	Nom.	quīdam	quaedam	quiddam (quoddam)
	Gen.		cuiusdam	
	Dat.		cuidam	
	Akk.	quendam	quandam	quiddam (quoddam)
	Abl.	quōdam	quādam	quōdam
Pl.	Nom.	quīdam	quaedam	quaedam
	Gen.	quōrundam	quārundam	quōrundam
	Dat.		quibusdam	
	Akk.	quōsdam	quāsdam	quaedam
	Abl.		quibusdam	

quīdam kann abschwächende oder verstärkende Bedeutung haben, z. B. singulāris quaedam fortūna – *ein geradezu einzigartiger Glücksfall.*

- **quisque, quidque** (subst.) und **quisque, quaeque, quodque** (adj.) – *jeder:* Deklination wie quis (→ S. 25). quisque wird immer nachgestellt: optimus quisque – *gerade die Besten, alle Guten;* quintō quōque annō – *alle vier Jahre.*

- **quīvīs, quaevīs, quidvīs** und **quīlibet, quaelibet, quidlibet** (subst.), **quīvīs, quaevīs, quodvīs** und **quīlibet, quaelibet, quodlibet** (adj.) – *jeder beliebige:* Gen. cuiusvīs, cuiuslibet, Dat. cuivīs, cuilibet etc.

4.6 Interrogativpronomina (Fragefürwörter)

- **quis? quid?** – *wer? was?* (subst.): Gen. cuius?, Dat. cui?, Akk. quem? quid?, Abl. ā quō?
- **quī? quae? quod?** *welcher?* (adj.): Deklination wie quī, quae, quod (→ S. 23)
- **uter? utra? utrum?** – *wer von beiden?* (subst. und adj.), Gen. utrīus, Dat. utrī

4.7 Pronominaladjektive

- **ūnus, ūna, ūnum** – *einer* (→ S. 28) **sōlus, sōla, sōlum** – *allein* und **tōtus, tōta, tōtum** – *ganz:* Gen. auf -īus und Dat. auf -ī, sonst wie a- und o-Deklination

- **alius, alia, aliud** – *ein anderer*

	Sg.			Pl.		
Nom.	alius	alia	aliud	aliī	aliae	alia
Gen.		alterīus		aliōrum	aliārum	aliōrum
Dat.		alterī			aliīs	
Akk.	alium	aliam	aliud	aliōs	aliās	alia
Abl.	aliō	aliā	aliō		aliīs	

- **nēmō** – *niemand,* **nihil** – *nichts* (subst.) und **nūllus, nūlla, nūllum** (adj.) – *kein*

	subst.		adj.		
	m/f	*n*			
Nom.	nēmō	nihil	nūllus	nūlla	nūllum
Gen.	nūllīus	nūllīus reī		nūllīus	
Dat.	nūllī	nūllī reī		nūllī	
Akk.	neminem	nihil	nūllum	nūllam	nūllum
Abl.	ā nūllō	nūllā rē	nūllō	nūllā	nūllō

- **ūllus, ūlla, ūllum** – *irgendein* (adj. in verneinten Sätzen): Gen. ūllīus, Dat. ūllī, sonst wie a- und o-Deklination

- **uterque, utraque, utrumque** – *jeder von beiden:* Gen. utrīusque, Dat. utrīque, sonst wie a- und o-Deklination

- **neuter, neutra, neutrum** – *keiner von beiden:* Gen. neutrīus, Dat. neutrī, sonst wie a- und o-Deklination

- **alter, altera, alterum** – *der eine von beiden, der andere von beiden:* Gen. alterīus, Dat. alterī, sonst wie a- und o-Deklination

4.8 Korrelativpronomina (vergleichende Fürwörter)

demonstrativ		relativ	
tam	*so*	quam	*so*
tantus, a, um	*so groß*	quantus, a, um	*wie (groß)*
tantum	*so viel*	quantum	*wie (viel)*
tanti, ae, a	*so viele*	quanti, ae, a	*wie (viele)*
tot	*so viele*	quot	*wie (viele)*
totiēns	*so oft*	quotiēns	*wie (oft)*
tālis, e	*so beschaffen*	quālis, e	*wie (viele)*

4.9 Pronominaladverbien zur Orts- und Zeitbestimmung

	interrogativ	demonstrativ	indefinit	
Ort	**ubī?** *wo?* **quā?** *wo?,* auch *wie?*	**hīc** *hier* **ibī** *dort* **illīc** *da, dort*	**ubīque** *überall* **nusquam** *nirgends* **alibi** *anderswo*	
	unde? *woher?*	**hinc** *von hier* **inde** *von dort, von da*	**undique** *von überall her*	
	quō? *wohin?*	**eō** *dorthin* **illūc** *dorthin* **hūc** *hierher*	**quōcumque** *wohin auch* *immer*	
Zeit	**quandō?** *wann?*	**tum** *dann, damals*	**aliquandō** *irgendwann* *einmal* **umquam** *jemals* **numquam** *niemals*	

5 Zahlen

Zahlzeichen		Grundzahlen	Ordnungszahlen
1	I	**ūnus**, a, um	**prīmus**, a, um
2	II	**duo**, duae, duo	**secundus**, a, um
3	III	**trēs**, tria	**tertius**, a, um
4	IV	quattuor	quārtus *usw.*
5	V	quīnque	quīntus
6	VI	sex	sextus
7	VII	septem	septimus
8	VIII	octō	octāvus
9	IX	novem	nōnus
10	X	**decem**	**decimus**
11	XI	ūndecim	ūndecimus
12	XII	duodecim	duodecimus
13	XIII	trēdecim	tertius decimus
14	XIV	quattuor	quārtus decimus
15	XV	quīndecim	quīntus decimus
16	XVI	sēdecim	sextus decimus
17	XVII	septendecim	septimus decimus
18	XVIII	duodēvīgintī	duodēvīcēsimus
19	XIX	ūndēvīgintī	undēvīcēsimus
20	XX	**vīgintī**	vīcēsimus
30	XXX	trīgintā	trīcēsimus
40	XL	quadrāgintā	quadrāgēsimus
50	L	quīnquāgintā	quīnquāgēsimus
60	LX	sexāgintā	sexāgēsimus
70	LXX	septuāgintā	septuāgēsimus
80	LXXX	octōgintā	octōgēsimus
90	XC	nōnāgintā	nōnāgēsimus
100	C	**centum**	centēsimus
200	CC	ducentī, ae, a	ducentēsimus
300	CCC	trecentī *usw.*	trecentēsimus
400	CD	quadringentī	quadringentēsimus
500	D	quīngentī	quīngentēsimus
600	DC	sescentī	sescentēsimus
700	DCC	septingentī	septingentēsimus
800	DCCC	octingentī	octingentēsimus
900	CM	nōngentī	nōngentēsimus
1000	M	**mīlle**	mīllēsimus
2000	MM	duo mīlia, ium	bis mīllēsimus

Die Deklination der **Ordnungszahlen** richtet sich nach den Adjektiven der a- und o-Deklination. Bei den **Grundzahlen** sind alle Zahlen undeklinierbar; nur ūnus, duo, trēs, alle Hunderter (außer centum) und die Tausender ab 2000 werden dekliniert.

Nom.	ūnus	ūna	ūnum	duo	duae	duo
Gen.		ūnīus		duōrum	duārum	duōrum
Dat.		ūnī		duōbus	duābus	duōbus
Akk.	ūnum	ūnam	ūnum	duo (duōs)	duās	duo
Abl.	ūnō	ūnā	ūnō	duōbus	duābus	duōbus
Nom.	trēs	trēs	tria	mīlia		
Gen.		trium		mīlium		
Dat.		tribus		mīlibus		
Akk.	trēs	trēs	tria	mīlia		
Abl.		tribus		mīlibus		

mīlle ist undeklinierbar; **mīlia** wird mit Genitiv gebraucht:

	mīlle passūs	*1000 Doppelschritt/eine Meile*
aber:	duō mīlia passuum	*2000 Doppelschritt/zwei Meilen.*

18 und 19, 28 und 29 usw. werden durch Subtraktion ausgedrückt:

duo-dē-vīgintī	*18*	ūn-dē-vīgintī	*19*
duo-dē-trīginta	*28*	ūn-dē-trīginta	*29* usw.

Bei 21 bis 99 steht entweder die Einerzahl mit et oder die Zehnerzahl ohne et voran, z. B.: trēs et vīgintī oder vīgintī trēs – *23.*

- **Verteilungszahlen:**

singulī, ae, a – *je einer;* bīnī, ae, a – *je zwei;* ternī, ae, a – *je drei;* quatērnī – *je vier;* quīnī – *je fünf;* dēnī – *je zehn,* centēnī - *je hundert;* singula mīlia – *je tausend*

- **Zahladverbien:**

semel – *einmal;* bis – *zweimal;* ter – *dreimal;* quater – *viermal;* quīnquiēs – *fünfmal;* deciēs – *zehnmal;* centiēs – *hundertmal;* mīliēs - *tausendmal;* prīmum – *zum ersten Mal;* iterum – *zum zweiten Mal;* tertium – *zum dritten Mal.*

- bei allen **Zeitangaben** werden die Ordnungszahlen verwendet:

hōrā prīmā	*zur ersten Stunde (= ca. 6 Uhr morgens)*
annō ante Chrīstum nātum (a. Chr. n.) ducentēsimō sextō decimō	*im Jahr 216 v. Chr.*
annō post Chrīstum nātum (p. Chr. n.) bis mīllēsimō	*im Jahr 2000 n. Chr.*

6 Das Verb

Grammatische Begriffe

Die **Flexion** eines Verbs heißt **Konjugation**. Bei der Konjugation unterscheidet man:
- die **Person**: 1., 2. und 3. Person,
- den **Numerus**: Singular oder Plural,
- den **Modus** (Aussageweise): Indikativ (Wirklichkeitsform), Konjunktiv (Begehrs- oder Möglichkeitsform) und Imperativ (Befehlsform),
- das **Tempus** (Zeitstufe): Präsens, Imperfekt, Futur I, Perfekt, Plusquamperfekt, Futur II,
- das **Genus verbi** (Zustandsform): Aktiv (Tatform) und Passiv (Leideform).

Verbformen, die durch eine Person bestimmt sind, fasst man als **verbum finitum** (finite Formen, **Personalformen**) zusammen, also alle Formen des Indikativs, Konjunktivs und Imperativs.

Verbformen, die nicht durch eine Person bestimmt sind, heißen **verbum infinitum** (infinite oder **Nominalformen**). Dazu gehören Infinitiv, Gerund und Gerundiv sowie Partizip und Supin.

Alle Verbformen lassen sich von drei Stämmen ableiten:
- Mit dem **Präsensstamm** werden gebildet: Präsens, Imperfekt, Futur I Aktiv und Passiv, Imperativ I und II, Partizip Präsens Aktiv sowie Gerund und Gerundiv.
- Mit dem **Perfektstamm Aktiv** werden die Aktivformen von Perfekt, Plusquamperfekt, Futur II und Infinitiv Perfekt gebildet.
- Der **Perfektstamm Passiv** bildet folgende Formen: Partizip Perfekt Passiv, Perfekt, Plusquamperfekt und Futur II Passiv, Infinitiv Perfekt Passiv, Infinitiv Futur Aktiv, Partizip Futur Aktiv und Supin.

Deshalb lernt man von jedem Verb die sogenannten **Stammformen**: 1. Ps. Sg. Ind. Präs. Aktiv (laudō), 1. Ps. Sg. Ind. Perf. Aktiv (laudāvī), Partizip Perfekt Passiv (laudātum), Infinitiv (laudāre).

6.1 Die Konjugationen

Man unterscheidet **fünf Konjugationen**:
a-Konjugation: laudāre – *loben*, Präsensstamm: laudā-
e-Konjugation: monēre – *mahnen*, Präsensstamm: monē-
konsonantische Konjugation: tegere – *bedecken*, Präsensstamm: teg-
kurzvokalische i-Konjugation: capere – *fangen*, Präsensstamm: capi-
langvokalische i-Konjugation: audīre – *hören*, Präsensstamm: audī-.

6 *Das Verb*

6.1.1 Personalformen

Präsensstamm Aktiv

Zeit	Ps.	a-Konjugation	e-Konjugation
Präsens Indikativ		*ich rufe*	*ich mahne*
	1.	vocō	moneō
	2.	vocās	monēs
	3.	vocat	monet
	1.	vocāmus	monēmus
	2.	vocātis	monētis
	3.	vocant	monent
Präsens Konjunktiv		*ich möge rufen*	*ich möge mahnen*
	1.	vocem	moneam
	2.	vocēs	moneās
	3.	vocet	moneat
	1.	vocēmus	moneāmus
	2.	vocētis	moneātis
	3.	vocent	moneant
Imperfekt Indikativ		*ich rief*	*ich mahnte*
	1.	vocābam	monēbam
	2.	vocābās	monēbās
	3.	vocābat	monēbat
	1.	vocābāmus	monēbāmus
	2.	vocābātis	monēbātis
	3.	vocābant	monēbant
Imperfekt Konjunktiv		*ich würde rufen*	*ich würde mahnen*
	1.	vocārem	monērem
	2.	vocārēs	monērēs
	3.	vocāret	monēret
	1.	vocārēmus	monērēmus
	2.	vocārētis	monērētis
	3.	vocārent	monērent
Futur I		*ich werde rufen*	*ich werde mahnen*
	1.	vocābō	monēbō
	2.	vocābis	monēbis
	3.	vocābit	monēbit
	1.	vocābimus	monēbimus
	2.	vocābitis	monēbitis
	3.	vocābunt	monēbunt

konsonantische Konjugation	kurzvokalische i-Konjugation	langvokalische i-Konjugation
ich bedecke	*ich fange*	*ich höre*
tegō	capiō	audiō
tegis	capis	audīs
tegit	capit	audit
tegimus	capimus	audīmus
tegitis	capitis	audītis
tegunt	capiunt	audiunt
ich möge bedecken	*ich möge fangen*	*ich möge hören*
tegam	capiam	audiam
tegās	capiās	audiās
tegat	capiat	audiat
tegāmus	capiāmus	audiāmus
tegātis	capiātis	audiātis
tegant	capiant	audiant
ich bedeckte	*ich fing*	*ich hörte*
tegēbam	capiēbam	audiēbam
tegēbās	capiēbās	audiēbās
tegēbat	capiēbat	audiēbat
tegēbāmus	capiēbāmus	audiēbāmus
tegēbātis	capiēbātis	audiēbātis
tegēbant	capiēbant	audiēbant
ich würde bedecken	*ich würde fangen*	*ich würde hören*
tegerem	caperem	audīrem
tegerēs	caperēs	audīrēs
tegeret	caperet	audīret
tegerēmus	caperēmus	audīrēmus
tegerētis	caperētis	audīrētis
tegerent	caperent	audīrent
ich werde bedecken	*ich werde fangen*	*ich werde hören*
tegam	capiam	audiam
tegēs	capiēs	audiēs
teget	capiet	audiet
tegēmus	capiēmus	audiēmus
tegētis	capiētis	audiētis
tegent	capient	audient

Zeit	Ps.	a-Konjugation	e-Konjugation
Imperativ I		*rufe!*	*mahne!*
	2.	vocā!	monē!
	2.	vocāte!	monēte!
Imperativ II		*du sollst rufen!*	*du sollst mahnen!*
	2.	vocātō!	monētō!
	3.	vocātō!	monētō!
	2.	vocātōte!	monētōte!
	3.	vocantō!	monentō!

Präsensstamm Passiv

Zeit	Ps.	a-Konjugation	e-Konjugation
Präsens Indikativ		*ich werde gerufen*	*ich werde gemahnt*
	1.	vocor	moneor
	2.	vocāris	monēris
	3.	vocātur	monētur
	1.	vocāmur	monēmur
	2.	vocāminī	monēminī
	3.	vocantur	monentur
Präsens Konjunktiv		*ich möge gerufen werden*	*ich möge gemahnt werden*
	1.	vocer	monear
	2.	vocēris	moneāris
	3.	vocētur	moneātur
	1.	vocēmur	moneāmur
	2.	vocēminī	moneāminī
	3.	vocentur	moneantur
Imperfekt Indikativ		*ich wurde gerufen*	*ich wurde gemahnt*
	1.	vocābar	monēbar
	2.	vocābāris	monēbāris
	3.	vocābātur	monēbātur
	1.	vocābāmur	monēbāmur
	2.	vocābāminī	monēbāminī
	3.	vocābantur	monēbantur

konsonantische Konjugation	kurzvokalische i-Konjugation	langvokalische i-Konjugation
bedecke!	*fange!*	*höre!*
teg**e!**	cap**e!**	aud**ī!**
teg**ite!**	cap**ite!**	aud**īte!**
du sollst bedecken!	*du sollst fangen!*	*du sollst hören!*
teg**itō!**	cap**itō!**	aud**ītō!**
teg**itō!**	cap**itō!**	aud**ītō!**
teg**itōte!**	cap**itōte!**	aud**ītōte!**
teg**untō!**	cap**iuntō!**	aud**iuntō!**

konsonantische Konjugation	kurzvokalische i-Konjugation	langvokalische i-Konjugation
ich werde bedeckt	*ich werde gefangen*	*ich werde gehört*
teg**or**	cap**ior**	aud**ior**
teg**eris**	cap**eris**	aud**īris**
teg**itur**	cap**itur**	aud**ītur**
teg**imur**	cap**imur**	aud**īmur**
teg**iminī**	cap**iminī**	aud**īminī**
teg**untur**	cap**iuntur**	aud**iuntur**
ich möge bedeckt werden	*ich möge gefangen werden*	*ich möge gehört werden*
teg**ar**	cap**iar**	aud**iar**
teg**āris**	cap**iāris**	aud**iāris**
teg**ātur**	cap**iātur**	aud**iātur**
teg**āmur**	cap**iāmur**	aud**iāmur**
teg**āminī**	cap**iāminī**	aud**iāminī**
teg**antur**	cap**iantur**	aud**iantur**
ich wurde bedeckt	*ich wurde gefangen*	*ich wurde gehört*
teg**ēbar**	cap**iēbar**	aud**iēbar**
teg**ēbāris**	cap**iēbāris**	aud**iēbāris**
teg**ēbātur**	cap**iēbātur**	aud**iēbātur**
teg**ēbāmur**	cap**iēbāmur**	aud**iēbāmur**
teg**ēbāminī**	cap**iēbāminī**	aud**iēbāminī**
teg**ēbantur**	cap**iēbantur**	aud**iēbantur**

Zeit	Ps.	a-Konjugation	e-Konjugation
Imperfekt **Konjunktiv**		*ich würde gerufen*	*ich würde gemahnt*
	1.	vocārer	monērer
	2.	vocārēris	monērēris
	3.	vocārētur	monērētur
	1.	vocārēmur	monērēmur
	2.	vocārēminī	monērēminī
	3.	vocārentur	monērentur
Futur I		*ich werde gerufen* *werden*	*ich werde gemahnt* *werden*
	1.	vocābor	monēbor
	2.	vocāberis	monēberis
	3.	vocābitur	monēbitur
	1.	vocābimur	monēbimur
	2.	vocābiminī	monēbiminī
	3.	vocābuntur	monēbuntur

Perfektstamm Aktiv und Passiv

	Zeit	Aktiv	Passiv
	Perfekt **Indikativ**	*ich habe gerufen, gemahnt, bedeckt, gefangen, gehört*	*ich bin gerufen, gemahnt, bedeckt, gefangen, gehört worden*
1.		vocāv- ī	vocāt- sum
2.		monu- istī	monit- us, a, um es
3.		tex- it	tēct- est
1.		cēp- imus	capt- sumus
2.		audīv- istis	audīt- ī, ae, a estis
3.		ērunt	sunt
	Perfekt **Konjunktiv**	*ich möge gerufen, gemahnt, bedeckt, gefangen, gehört haben*	*ich möge gerufen, gemahnt, bedeckt, gefangen, gehört worden sein*
1.		vocāv- erim	vocāt- sim
2.		monu- eris	monit- us, a, um sīs
3.		tex- erit	tēct- sit
1.		cēp- erimus	capt- sīmus
2.		audīv- eritis	audīt- ī, ae, a sitis
3.		erint	sint

konsonantische Konjugation	kurzvokalische i-Konjugation	langvokalische i-Konjugation
ich würde bedeckt	*ich würde gefangen*	*ich würde gehört*
teg**erer**	cap**erer**	aud**īrer**
teg**erēris**	cap**erēris**	aud**īrēris**
teg**erētur**	cap**erētur**	aud**īrētur**
teg**erēmur**	cap**erēmur**	aud**īrēmur**
teg**erēminī**	cap**erēminī**	aud**īrēminī**
teg**erentur**	cap**erentur**	aud**īrentur**
ich werde bedeckt werden	*ich werde gefangen werden*	*ich werde gehört werden*
teg**ar**	cap**iar**	aud**iar**
teg**ēris**	cap**iēris**	aud**iēris**
teg**ētur**	cap**iētur**	aud**iētur**
teg**ēmur**	cap**iēmur**	aud**iēmur**
teg**ēminī**	cap**iēminī**	aud**iēminī**
teg**entur**	cap**iēntur**	aud**ientur**

	Zeit	Aktiv		Passiv		
	Plusquamperfekt Indikativ	*ich hatte gemahnt, bedeckt, gefangen, gehört*		*ich war gerufen, gemahnt, bedeckt, gefangen, gehört worden*		
1.		vocāv- monu- tex- cēp- audīv-	**eram**	vocāt- monit- tēct- capt- audīt-	us, a, um	**eram**
2.			**erās**			**erās**
3.			**erat**			**erat**
1.			**erāmus**		ī, ae, a	**erāmus**
2.			**erātis**			**erātis**
3.			**erant**			**erant**
	Plusquamperfekt Konjunktiv	*ich hätte gemahnt, bedeckt, gefangen, gehört*		*ich wäre gerufen, gemahnt, bedeckt, gefangen, gehört worden*		
1.		vocāv- monu- tex- cēp- audīv-	**issem**	vocāt- monit- tēct- capt- audīt-	us, a, um	**essem**
2.			**issēs**			**essēs**
3.			**isset**			**esset**
1.			**issēmus**		ī, ae, a	**essēmus**
2.			**issētis**			**essētis**
3.			**issent**			**essent**

	Zeit	Aktiv	Passiv
	Futur II	*ich werde gemahnt, bedeckt, gefangen, gehört haben*	*ich werde gerufen, gemahnt, bedeckt, gefangen, gehört worden sein*
1. 2. 3. 1. 2. 3.		vocāv- monu- tex- cēp- audīv- } erō eris erit erimus eritis erint	vocāt- monit- tēct capt- audīt- } us, a, um { erō eris erit ī, ae, a { erimus eritis erunt

6.1.2 Nominalformen

Infinitiv	Aktiv	Präsens	vocāre	monēre
		Perfekt	vocāvisse	monuisse
		Futur	vocātūrum, am, um esse	monitūrum, am, um esse
	Passiv	Präsens	vocārī	monērī
		Perfekt	vocātum, am, um esse	monitum, am, um esse
		Futur	vocātum īrī	monitum īrī
Partizip	Aktiv	Präsens	vocāns, ntis	monēns, ntis
		Futur	vocātūrus, a, um	monitūrus, a, um
	Passiv	Perfekt	vocātus, a, um	monitus, a, um
Gerund			vocandī, vocandō *usw.*	monendī, monendō *usw.*
Gerundiv			vocandus, a, um	monendus, a, um
Supin I			vocātum	monitum
Supin II			vocātū	monitū

tegere	capere	audīre
tegisse	cēpisse	audīvisse
tēctūrum, am, um esse	captūrum, am, um esse	audītūrum, am, um esse
tegī	capī	audīrī
tēctum, am, um esse	captum, am, um esse	audītum, am, um esse
tēctum īrī	captum īrī	audītum īrī
tegēns, ntis	capiēns, ntis	audiēns, ntis
tēctūrus, a, um	captūrus, a, um	audītūrus, a, um
tēctus, a, um	captus, a, um	audītus, a, um
tegendī, tegendō *usw.*	capiendī, capiendō *usw.*	audiendī, audiendō *usw.*
tegendus, a, um	capiendus, a, um	audiendus, a, um
tēctum	captum	audītum
tēctū	captū	audītū

6.2 Die Deponentien

Deponentien sind Verben, die passive Formen, aber aktive oder reflexive Bedeutung haben. Partizip Präsens, Partizip Futur, Infinitiv Futur und Gerund dagegen werden aktiv gebildet (→ S. 30) und haben ebenfalls aktive Bedeutung, z. B. hortāns – *ermahnend*.

Zeit		a-Konjugation	e-Konjugation
		ich versuche	*ich fürchte*
Ind.	Präs.	cōn**or**	ver**eor**
		cōnā**ris**	verē**ris**
	Imperf.	cōnā**bar**	verē**bar**
	Fut. I	cōnā**bor, –beris**	verē**bor, –beris**
	Perf.	cōnāt**us sum**	verit**us sum**
	Plusqu.	cōnāt**us eram**	verit**us eram**
	Fut. II	cōnāt**us erō**	verit**us erō**
Konj.	Präs.	cōn**er, -ēris**	ver**ear, –āris**
	Imperf.	cōnā**rer, –rēris**	verē**rer, –rēris**
	Perf.	cōnāt**us sim**	verit**us sim**
	Plusqu.	cōnāt**us essem**	verit**us essem**
Imp. I		cōnā**re**	verē**re**
		cōnā**minī**	verē**minī**
Imp. II		cōnā**tor**	verē**tor**
		cōna**ntor**	vere**ntor**
Inf.	Präs.	cōnā**rī**	verē**rī**
	Perf.	cōnāt**um, am, um esse**	verit**um, am, um esse**
	Fut.	cōnāt**ūrum, am, um esse**	veritūrum, am, um esse
Part.	Präs.	cōnā**ns, ntis**	verē**ns, ntis**
	Perf.	cōnāt**us, a, um**	verit**us, a, um**
	Fut.	cōnāt**ūrus, a, um**	verit**ūrus, a, um**
Gerundiv		cōna**ndus, a, um**	vere**ndus, a, um**
Gerund		cōna**ndī**	vere**ndī**

Die Semideponentien **solēre** – *pflegen*, **audēre** – *wagen*, **gaudēre** – *sich freuen* und **cōnfīdere** – *vertrauen* werden im Präsensstamm aktivisch, im Perfektstamm passivisch gebildet, z. B. audeō – *ich wage*, aber: ausus sum – *ich habe gewagt*. Bei **revertī** – *zurückkehren* verhält es sich umgekehrt: revertor – *ich kehre zurück*, aber: revertī – *ich bin zurückgekehrt*.

konsonantische Konjugation	kurzvok. i-Konjugation	langvok. i-Konjugation
ich spreche	*ich leide*	*ich schenke*
loqu**or**	pati**or**	largi**or**
loqu**eris**	pat**eris**	largī**ris**
loquē**bar**	patiē**bar**	largiē**bar**
loqu**ar**, **–ēris**	pati**ar**, **–ēris**	largi**ar**, **–ēris**
locū**tus sum**	pass**us sum**	largī**tus sum**
locū**tus eram**	pass**us eram**	largī**tus eram**
locū**tus erō**	pass**us erō**	largī**tus erō**
loqu**ar**, **–āris**	pati**ar**, **–āris**	largi**ar**, **–āris**
loqu**erer**, **–erēris**	pat**erer**, **–rēris**	largī**rer**, **–rēris**
locū**tus sim**	pass**us sim**	largī**tus sim**
locū**tus essem**	pass**us essem**	largī**tus essem**
loqu**ere**	pat**ere**	largī**re**
loqu**iminī**	pat**iminī**	largī**minī**
loqu**itor**	pati**tor**	largī**tor**
loqu**untor**	pati**untor**	largi**untor**
loqu**ī**	pat**ī**	largī**rī**
locū**tum**, **am**, **um esse**	pass**um**, **am**, **um esse**	largī**tum**, **am**, **um esse**
locū**tūrum**, **am**, **um esse**	pass**ūrum**, **am**, **um esse**	largī**tūrum**, **am**, **um esse**
loquē**ns**, **ntis**	patiē**ns**, **ntis**	largiē**ns**, **ntis**
locū**tus**, **a**, **um**	pass**us**, **a**, **um**	largī**tus**, **a**, **um**
locū**tūrus**, **a**, **um**	pass**ūrus**, **a**, **um**	largī**tūrus**, **a**, **um**
loqu**endus**, **a**, **um**	pati**endus**, **a**, **um**	largi**endus**, **a**, **um**
loqu**endī**	pati**endī**	largi**endī**

6.3 Unregelmäßige Verben

- **esse** (sum, fuī) – *sein*

Ind. Präs.	Konj. Präs.	Ind. Imperf.	Konj. Imperf.	Fut. I
ich bin	*ich sei*	*ich war*	*ich wäre*	*ich werde sein*
sum	sim	eram	essem	erō
es	sīs	erās	essēs	eris
est	sit	erat	esset	erit
sumus	sīmus	erāmus	essēmus	erimus
estis	sītis	erātis	essētis	eritis
sunt	sint	erant	essent	erunt

Ind. Perf.	Konj. Perf.	Ind. Plusqu.	Konj. Plusqu.	Fut. II
ich bin	*ich sei*	*ich war*	*ich wäre*	*ich werde*
gewesen	*gewesen*	*gewesen*	*gewesen*	*gewesen sein*
fuī	fuerim	fueram	fuissem	fuerō
fuistī	fueris	fuerās	fuissēs	fueris
fuit	fuerit	fuerat	fuisset	fuerit
fuimus	fuerimus	fuerāmus	fuissēmus	fuerimus
fuistis	fueritis	fuerātis	fuissētis	fueritis
fuērunt	fuerint	fuerant	fuissent	fuerint

Imp. I	Imp. II	Inf. Perf.		Part. Perf.
sei!	*du sollst sein!*	*gewesen sein*		–
es!	estō!	fuisse		
este!	estō!			
	estōte!	**Inf. Fut.**		**Part. Fut.**
	suntō!	*sein werden*		*einer, der sein wird*
		futurum, a, um esse		futurus, a, um

- **Komposita von esse**

abesse *(abwesend sein)*	absum	āfuī
adesse *(anwesend sein)*	adsum	adfuī/affuī
deesse *(fehlen)*	dēsum	dēfuī
interesse *(teilnehmen)*	intersum	interfuī
obesse *(schaden)*	obsum	obfuī/offuī
praeesse *(an der Spitze stehen)*	praesum	praefuī
prōdesse *(nützen)*	prōsum	prōfuī
superesse *(übrig sein)*	supersum	superfuī

 Bei prōdesse bleibt vor einem Vokal das -d- erhalten, z. B.: prōd-est, prōd-erat, aber: prō-fuit, prō-fuisset usw.

- **posse** (possum, potuī) – *können*

Ind.	Präs.	possum	possumus	Ind.	Perf.	potuī *usw.*
		potes	potestis		Plusqu.	potueram *usw.*
		potest	possunt		Fut. II	potuerō *usw.*
	Imperf.	poteram *usw.*				
	Fut.	poterō *usw.*				
Konj.	Präs.	possim *usw.*		Konj.	Perf.	potuerim *usw.*
	Imperf.	possem *usw.*			Plusqu.	potuissem *usw.*
Inf.	Präs.	posse				
	Perf.	potuisse				

- **velle** (volō, voluī) – *wollen*, **nōlle** (nōlō, nōluī) – *nicht wollen*, **mālle** (mālō, maluī) – *lieber wollen*

	velle	nōlle	mālle
Ind. Präs.	*ich will*	*ich will nicht*	*ich will lieber*
	volō	nōlō	mālō
	vīs	nōn vīs	māvis
	vult	nōn vult	māvult
	volumus	nōlumus	mālumus
	vultis	nōn vultis	māvultis
	volunt	nōlunt	mālunt
Konj. Präs.	velim	nōlim	mālim
	velīs	nōlīs	mālīs
	velit *usw.*	nōlit *usw.*	mālit *usw.*
Ind. Imperf.	volēbam	nōlēbam	mālēbam
	volēbās	nōlēbās	mālēbās
	volēbat *usw.*	nōlēbat *usw.*	mālēbat *usw.*
Konj. Imperf.	vellem	nōllem	māllem
	vellēs	nōllēs	māllēs
	vellet *usw.*	nōllet *usw.*	māllet *usw.*
Fut. I	volam	nōlam	mālam
	volēs	nōlēs	mālēs
	volet *usw.*	nōlet *usw.*	mālet *usw.*
Imp. I	–	nōli!	–
		nōlite!	
Imp. II	–	–	–
Ind. Perf.	voluī *usw.*	nōluī *usw.*	māluī *usw.*

- **ferre** (ferō, tulī, lātum) – *tragen*, **ferrī** (feror, lātus sum) – *getragen werden*

	ferre (Akt.)	ferrī (Pass.)
Ind. Präs.	*ich trage* ferō fers fert ferimus fertis ferunt	*ich werde getragen* feror ferris fertur ferimur feriminī feruntur
Konj. Präs.	feram ferās ferat *usw.*	ferar ferāris ferātur *usw.*
Ind. Imperf.	ferēbam ferēbās ferēbat *usw.*	ferēbar ferēbāris ferēbātur *usw.*
Konj. Imperf.	ferrem ferrēs ferret *usw.*	ferrer ferrēris ferrētur *usw.*
Futur I	feram feres feret *usw.*	ferar ferēris ferētur *usw.*
Imp. I	fer! ferte!	–
Imp. II	fertō! fertōte! feruntō!	–
Ind. Perf.	tul-ī *usw.*	lātus, a, um sum *usw.*

- **īre** (eō, iī, itum) – *gehen*

Ind. Präs.	Ind. Perf.	Ind. Imperf.	Ind. Plusqu.
eō	iī	ībam	ieram
īs	istī	ībās *usw.*	ierās *usw.*
it	iit		
īmus	iimus	**Konj. Imperf.**	**Konj. Plusqu.**
ītis	īstis	īrem	issem
eunt	iērunt	īrēs *usw.*	issēs *usw.*

Konj. Präs.	Konj. Perf.	Fut. I	Fut. II
eam	ierim	ībō	ierō
eās *usw.*	ieris *usw.*	ībis *usw.*	ieris *usw.*
Imp. I	**Imp. II**	**Inf. Präs.**	**Inf. Perf.**
ī! īte!	ītō! ītōte! euntō!	īre	īsse
Gerund	**Gerundiv**	**Part. Präs.**	**Inf. Fut.**
eundī *usw.*	eundum (est)	iēns, euntis	itūrum, a, um esse

īre bildet nur ein unpersönliches Passiv: ītur – *man geht*, itum est – *man ist gegangen*. Transitive Komposita von īre wie praeterīre – *übergehen* oder transīre – *überschreiten* haben ein persönliches Passiv, z. B. praeteritum est – es *ist übergangen worden*.

- **fierī** (fīō, factus sum) – *werden, geschehen, gemacht werden*

Ind. Präs.	Konj. Präs.	Ind. Perf.	Konj. Perf.
fīō fīmus	fīam	factus, a, um sum	factus, a, um sim
fīs fītis	fīās	es	sīs
fit fīunt	fīāt *usw.*	*usw.*	*usw.*
Ind. Imp.	**Konj. Imp.**	**Ind. Plusqu.**	**Konj. Plusqu.**
fīēbam	fierem	factus, a, um eram	factus, a, um essem
fīēbās *usw.*	fierēs *usw.*	*usw.*	*usw.*
Fut. I	**Fut. II**	**Inf. Perf.**	**Inf. Fut.**
fīam	factus, a, um erō	factum, a, um esse	futurum, a, um esse
fīēs *usw.*	*usw.*		= fore

fierī – *gemacht werden* dient als Passiv zu facere, auch bei den Komposita assuefacere – *gewöhnen*, patefacere – *öffnen* und satisfacere – *Genugtuung leisten*, z. B. assuefīunt – *sie gewöhnen sich*. Die Bedeutung „geschehen" hat fierī nur in der 3. Ps. Sg. und Pl.:

saepe fit, ut	*oft geschieht es, dass*
ita factum est, ut	*so kam es, dass*

6.4 Unvollständige Verben (Verba defectiva)

- Folgende Verben bilden nur **Formen im Perfektstamm**, haben aber präsentische Bedeutung:
  - **meminī**, Inf. **meminisse** – *sich erinnern* (Imperativ: mementō!)
  - **ōdī**, Inf. **ōdisse** – *hassen*

- Als **Einzelformen** kommen vor:
  - **aiō, ait, aiunt** – *ich sage, er/sie/es sagt, sie sagen,* dazu sämtliche Formen des Ind. Imperf.: **aiēbam** usw.
  - **inquam** – *ich sage,* **inquit** – *er/sie/es sagt, er/sie/es sagte*
  - **quaesō** – *ich bitte,* **quaesumus** – *wir bitten*
  - **avē!/avēte!** und **salvē!/salvēte!** – *sei gegrüßt!/seid gegrüßt!*
  - **valē!/valēte!** – *leb wohl!/lebt wohl!*

Satzlehre

7 Satzteile

7.1 Subjekt und Prädikat

Der einfache Satz (das Satzgerüst) besteht aus **Subjekt** (Satzgegenstand) und **Prädikat** (Satzaussage).

Subjekt kann sein:
- ein Substantiv:

  Puella cantat.   *Das Mädchen singt.*

- ein Pronomen bzw. die Person, die in einer finiten Verbform enthalten ist:

  Ille cantat.   *Jener singt.*
  Canta**mus**.   *Wir singen.*

- ein Infinitiv:

  Errare humanum est.   *Irren ist menschlich.*

- ein Nebensatz:

  Quid vesper ferat, incertum est. *Was der Abend bringt, ist ungewiss.*

Prädikat kann sein:
- ein Vollverb:

  Amicus **venit**.   *Der Freund kommt.*

- ein Hilfsverb, das sich mit einem Nomen (Substantiv oder Adjektiv), dem so genannten **Prädikatsnomen**, verbindet:

  Arbor **magna est**.   *Der Baum ist groß.*
  Paulus **discipulus est**.   *Paul ist ein Schüler.*

Das Prädikat stimmt in seiner Form, d. h. in Numerus, Kasus und Genus, so weit wie möglich mit dem Subjekt überein **(Kongruenz)**:
- verbales Prädikat:

  Agricola arat.   *Der Bauer pflügt.*
  Agricolae arant.   *Die Bauern pflügen.*

- substantivisches Prädikatsnomen:

  Paulus et Fridericus amici sunt.   *Paul und Friedrich sind Freunde.*

- adjektivisches Prädikatsnomen:
Frater laetus est.	*Der Bruder ist fröhlich.*
Domūs magnae sunt.	*Die Häuser sind groß.*
Pater et mater sani sunt.	*Vater und Mutter sind gesund.*

- pronominales Subjekt:
Haec est mea culpa.	*Das ist meine Schuld.*

7.2 Attribut

Ein Attribut ist eine nähere Bestimmung eines Substantivs durch ein Adjektiv oder ein Substantiv.

- Das **adjektivische Attribut** richtet sich nach seinem Beziehungswort in Kasus, Numerus und Genus:
liber parvus	*das kleine Buch*
donum pulchrum	*das schöne Geschenk*

- Das **substantivische Attribut** steht meist im Genitiv:
vita Romanorum	*das Leben der Römer*
hortus agricolae	*der Garten des Bauern*

- Ein substantivisches Attribut, das im gleichen Fall wie sein Beziehungswort steht, nennt man **Apposition**:
Vergilius poeta	*der Dichter Vergil*

7.3 Prädikativum

Das Prädikativum ist eine nähere Bestimmung zu einem Nomen und einem Vollverb. Es steht nach Möglichkeit in Kongruenz zu seinem Beziehungswort:

Hannibal **puer** Carthagine discessit.	*Hannibal verließ Karthago* ***als Junge***.
Amici **maesti** domum redierunt.	*Die Freunde kehrten* ***traurig*** *nach Hause zurück.*

Das Prädikativum ist bei der Übersetzung von der attributiven Verwendung zu unterscheiden (nicht: „der Knabe Hannibal verließ ...").

Als Prädikativa werden gebraucht:

- Substantive, die ein Amt oder Lebensalter bezeichnen:

consul	*als Konsul, im Konsulat*
puer	*als Junge, im Knabenalter*
adulescens	*als junger Mann, in seiner Jugend*
senex	*als Greis, im Alter*

- Adjektive, die einen seelischen oder körperlichen Zustand, eine Reihenfolge, Zahl oder einen Ort bezeichnen:

laetus	*fröhlich*	praesens	*in Gegenwart*
maestus/tristis	*traurig*	absens	*in Abwesenheit*
iratus	*zornig*	primus	*als Erster*
invitus	*widerwillig*	postremus	*als Letzter*
inscius	*unwissend*	solus/unus	*als Einziger*
vivus	*bei Lebzeiten*	summus	*zuoberst,*
mortuus	*tot, nach dem Tod*		*auf der Spitze*

7.4 Der erweiterte einfache Satz

Der einfache Satz aus Subjekt und Prädikat kann erweitert werden:

- das Prädikat
  - durch **Objekte** (Nomina, Pronomina, Zahlwörter, Infinitive bzw. AcI) im Akkusativ, Dativ und Genitiv,
  - durch **Adverbiale** (Umstandsbestimmungen) zur Bezeichnung des Mittels, des Grundes, des Zweckes, der Art und Weise, der Zeit und des Ortes im Ablativ, Akkusativ und Dativ besonders auf die Fragen „womit?", „wodurch?", „warum?", „wie?", „wann?", „wo?",

- das Subjekt und alle Substantive durch Attribute (Adjektive, Partizipien, Pronomina, Zahlwörter, Substantive im gleichen Kasus, im Genitiv, im Ablativus qualitatis und mit einer Präposition),

- Adjektive durch Adverbiale und Ergänzungen,

- Adverbien durch Adverbiale.

8 Die Fälle

8.1 Genitiv

Der Genitiv bezeichnet die Zugehörigkeit einer Person oder Sache oder den Bereich eines Begriffes.

8.1.1 Der Genitiv als Objekt

- bei den **Verben des Erinnerns und Vergessens**:

meminisse/reminisci	*sich erinnern*	oblivisci	*vergessen*

meminisse beneficiorum
Numquam beneficiorum
tuorum obliviscemur.

sich an die Wohltaten erinnern
Niemals werden wir deine
Wohltaten vergessen.

Diese Verben können auch mit Akkusativ stehen!

aber: Recordor de amico tuo.

Ich erinnere mich an deinen Freund.

Admoneo te de amicitia nostra.

Ich erinnere dich an unsere Freundschaft.

- bei den **Verben der Gerichtssprache**:

arguere	*beschuldigen*	damnare/	
accusare	*anklagen*	condemnare	*verurteilen*
convincere	*überführen*	absolvere	*freisprechen*

aliquem damnare necis

jemanden wegen Mordes verurteilen

aliquem absolvere sceleris

jemandem von einem Verbrechen freisprechen

- in **unpersönlichen Ausdrücken**:

me pudet	*ich schäme mich*	me taedet	*es ekelt mich*
me paenitet	*ich bereue*	me piget	*ich ärgere mich*
me miseret	*ich habe Mitleid*		

Me piget meae stultitiae.

Ich ärgere mich über meine Dummheit.

Me miseret infirmorum.

Die Kranken tun mir Leid.

8.1.2 Der Genitiv als Attribut

- Der **Genitivus subiectivus** bezeichnet die Person, die etwas tut oder empfindet:
  timor Romanorum   *die Furcht der Römer*

- Der **Genitivus obiectivus** bezeichnet die Person oder Sache, auf die sich eine Tätigkeit oder Empfindung richtet:
  timor Romanorum   *die Furcht vor den Römern*
  spes salutis   *Hoffnung auf Rettung*

- Der **Genitivus possessivus** bezeichnet den Eigentümer oder die Zugehörigkeit einer Person oder Sache:
  templa deorum   *Göttertempel*
  mos maiorum   *Sitte der Vorfahren*

- Der Genitivus obiectivus bzw. possessivus steht bei folgenden **Adjektiven** und **Partizipien**:

plenus	*voll*	(im-)memor	*sich (nicht) erinnernd*
studiosus	*bemüht um*		
cupidus/avidus	*begierig*	particeps/	*beteiligt an/*
peritus/imperitus	*erfahren/unerfahren*	expers	*ohne Anteil an*
gnarus/ignarus	*erfahren/unerfahren*	compos	*mächtig*
		conscius/	*wissend/*
		inscius	*unwissend*

studiosus litterarum	*bemüht um die Wissenschaften*
memor iniuriae acceptae	*im Bewusstsein des erlittenen Unrechts*
particeps rationis	*im Besitz der Vernunft*

amans patriae	*patriotisch*
appetens gloriae	*ehrgeizig*
neglegens officii	*pflichtvergessen*
patiens laborum	*gegen Strapazen abgehärtet*

- Der **Genitivus qualitatis** beschreibt eine Eigenschaft, besonders bei Wert- und Zahlangaben:
  vir magni animi   *ein geistvoller Mann*
  iter paucorum dierum   *eine Reise von wenigen Tagen*

- Der **Genitivus partitivus** gibt den Teil einer Gesamtheit an. Er steht bei Ausdrücken der Menge und des Maßes, Adverbien, Pronomina, Komparativen und Superlativen:

magna vis auri	*eine große Menge Gold*
multum temporis	*viel Zeit*
quis vestrum?	*wer von euch?*
optimus medicorum	*der beste Arzt*

8.1.3 Der Genitiv beim Prädikat

- Der **Genitivus possessivus** bezeichnet den Eigentümer oder die Zugehörigkeit bei esse in der Bedeutung *gehören* und in unpersönlichen Wendungen eine Eigenschaft:

Domus poetae est.	*Das Haus gehört dem Dichter.*
Humanitatis habetur	*Es gilt als Zeichen von Mensch-*
miseros adiuvare.	*lichkeit, den Armen zu helfen.*

- Der **Genitivus pretii** gibt den Wert einer Sache bei folgenden Verben an:

aestimare/facere/ habēre/putare *(ein-)schätzen, achten*	(magni) esse/ fieri *(viel) wert sein, gelten*
magni/parvi facere	*hoch/gering einschätzen*
minoris/pluris esse	*weniger/mehr gelten*
Litterae tuae mihi plurimi sunt.	*Deine Briefe sind mir sehr viel wert = deine Briefe bedeuten mir sehr viel.*

8.2 Dativ

Der Dativ bezeichnet die Person oder Sache, der sich eine Handlung zuwendet oder für die eine innere Beteiligung oder ein Interesse besteht, oder den Zweck einer Handlung. Verben, die ein Dativobjekt erfordern, heißen intransitive Verben.

8.2.1 Der Dativ als Objekt

- **intransitive Verben**:

studēre	*sich bemühen*	nocēre	*schaden*
persuadēre	*überreden, überzeugen*	parcere	*schonen*
invidēre	*beneiden*	favēre	*begünstigen*
nubēre	*heiraten*		

rei publicae nocēre	*dem Staat schaden*
studēre litteris	*sich mit den Wissenschaften befassen*
Factis tuis mihi persuasisti.	*Durch deine Taten hast du mich überzeugt.*

Die intransitiven Verben bilden ein unpersönliches Passiv:

Nemini parcetur.	*Niemand wird geschont werden.*
Nobis invidetur.	*Wir werden beneidet = man beneidet uns.*
Ei persuasum est.	*Er ist überzeugt.*

• Verben, die an sich transitiv sind, bekommen mit Dativ eine **andere Bedeutung**:

	mit Akkusativ	mit Dativ
consulere	*befragen*	*sorgen für*
providēre/prospicere	*vorhersehen*	*sorgen für*
temperare	*ordnen*	*mäßigen*
metuere/timēre	*etwas fürchten*	*um etwas fürchten*

	oraculum consulere	*ein Orakel befragen*
aber:	sibi consulere	*für sich sorgen*
	dolorem timēre	*Schmerz fürchten*
aber:	timēre rebus suis	*um sein Vermögen fürchten*

• bei **esse** in der Bedeutung *haben, besitzen* und den **Komposita von esse, stare, venire**:

adesse amicis	*den Freunden beistehen*
praestare ceteris	*den Übrigen überlegen sein*

8.2.2 Der Dativ der Beteiligung oder des Interesses

• Der **Dativus commodi/incommodi** steht auf die Fragen „wofür?", „für wen?" zur Bezeichnung eines Vor- oder Nachteils:

hortum aliis colere, non sibi	*einen Garten nicht für sich, sondern für andere anlegen*

• Der **Dativus auctoris** steht auf die Frage „von wem?", meist beim Gerundiv:

Liber mihi legendus est.	*Das Buch muss von mir gelesen werden = ich muss das Buch lesen.*

- Der **Dativus possessivus** gibt einen Besitz an:

| Cui magna pecunia est? | *Wer hat viel Geld?* |
| Mihi domus est. | *Ich besitze ein Haus.* |

8.2.3 Der Dativ des Zwecks

Der **Dativus finalis** gibt den Zweck („wozu?") an:

- bei **esse mit doppeltem Dativ** in der Bedeutung *dienen zu, gereichen zu*:

| alicui usui esse | *jemandem von Nutzen sein* |
| alicui admirationi esse | *von jemandem bewundert werden* |

- bei **dare, tribuere, vertere** in der Bedeutung *anrechnen, auslegen als*:

| alicui aliquid vitio dare/vertere | *jemandem etwas zum Vorwurf machen* |
| alicui aliquid superbiae tribuere | *jemandem etwas als Hochmut auslegen* |

- bei folgenden Verben:

venire	*kommen*	arcessere	*herbeiholen*
mittere	*schicken*	relinquere	*zurücklassen*

| auxilio venire | *zu Hilfe kommen* |
| praesidio relinquere | *als Schutz zurücklassen* |

8.3 Akkusativ

Der Akkusativ bezeichnet als Objekt die Person oder Sache, auf die sich eine Tätigkeit richtet, die Ausdehnung bei Raum- und Zeitangaben auf die Fragen „wie lang/breit?", „wie lange?" und als Adverbiale die Richtung oder das Ziel auf die Frage „wohin?" Verben, die ein Akkusativobjekt erfordern, heißen transitive Verben.

8.3.1 Der Akkusativ als Objekt

- bei **transitiven Verben**. Folgende Verben haben im Deutschen nicht immer den Akkusativ nach sich:

(ad-)aequare	*gleichkommen*	iubēre	*befehlen*
iuvare	*unterstützen*	sequi	*folgen*
cavēre	*sich hüten vor*	vetare	*verbieten*
(ef-)fugere	*fliehen vor*	deficere	*verlassen, mangeln*
		ulcisci	*rächen*

amicos iuvare	*den Freunden helfen*
fugere hostem	*vor dem Feind fliehen*
ulcisci iniuriam	*sich für ein Unrecht rächen*

- bei **Verben der Gemütsbewegung**:

dolēre	*Schmerz empfinden*	flēre	*weinen*
maerēre	*traurig sein über*	ridēre	*lachen*
queri	*sich beklagen über*	horrēre	*schaudern, zittern vor*

dolēre mortem	*einen Todesfall beklagen*
iniurias queri	*sich über Beleidigungen beschweren*

- **doppelter Akkusativ**:

docēre	*lehren*	poscere	*fordern*
celare	*verheimlichen*	postulare	*fordern*

docēre aliquem linguam	*jemanden eine Sprache lehren*
postulare aliquem auxilium	*von jemandem Hilfe fordern*

Doppelter Akkusativ des Objekts und Prädikatsnomens bei:

habēre	*haben (als)*	facere/reddere	*machen (zu)*
ducere/arbitrari/ existimare/		creare	*wählen (zu)*
iudicare/putare	*halten (für)*	se praebēre/ se praestare	*sich zeigen, erweisen (als)*
dicere/nominare/ appellare	*nennen, bezeichnen (als)*	dare/tradere	*geben (als)*

aliquem stultum ducere	*jemanden für dumm halten*
se prudentem praestare	*sich als klug erweisen*
facere aliquem amicum	*sich jemanden zum Freund machen*

Im Passiv wird aus dem doppelten Akkusativ ein doppelter Nominativ:

Cicero consul creatus est.	*Cicero ist zum Konsul gewählt worden.*

Auch bei **Ausrufen** steht der doppelte Akkusativ:

Heu me miseram!	*Ach, ich Arme!*

8.3.2 Der Akkusativ als Adverbiale

- Der **Akkusativ der Richtung** bezeichnet das Ziel auf die Frage „wohin?" **ohne** Präposition bei **Städtenamen** und **kleineren Inseln**:

Romam contendere	*nach Rom eilen*
Delum proficisci	*nach Delos reisen*
domum redire	*nach Hause zurückkehren*

Er steht bei **Verben der Bewegung** zur Bezeichnung des Ziels auf die Frage „wohin?" mit Präposition (im Deutschen meist „wo?"):

advenire	*ankommen*	cogere	*zusammentreiben,*
convenire	*zusammenkommen,*		*versammeln*
	sich versammeln	abdere	*verbergen*
concurrere	*zusammenlaufen*	nuntiare	*melden*

in urbem advenire	*in der Stadt ankommen*
se in silvam abdere	*sich im Wald verstecken*

- Der **Akkusativ der Ausdehnung in Raum und Zeit** beantwortet die Fragen „wie hoch?", „wie tief?", „wie lang?", „wie breit?", „wie weit?", „wie alt?", „wie lange Zeit?":

decem pedes altus	*zehn Fuß hoch/tief*
dies noctesque iter facere	*Tag und Nacht marschieren*

8.4 Ablativ

Der Ablativ hat meist die Funktion einer adverbialen Bestimmung, d. h. er dient zum Ausdruck der näheren Umstände, unter denen sich die Handlung des Prädikats vollzieht. Gewöhnlich wird er mit einem Präpositionalausdruck übersetzt.

- Der **Ablativus instrumentalis** bezeichnet das Mittel, womit oder wodurch etwas geschieht:

gladio pugnare	*mit dem Schwert kämpfen*
memoriā tenere	*im Gedächtnis behalten*

Er steht bei folgenden **Deponentien**:

uti	*gebrauchen*	potiri	*sich bemächtigen*
abuti	*missbrauchen*	niti	*sich stützen auf*
fungi	*verwalten*	frui	*genießen*

sowie bei opus esse – *brauchen, nötig haben*

occasione uti	*die Gelegenheit nützen*
munere fungi	*ein Amt verwalten*
Mihi pecuniā opus est.	*Ich brauche Geld.*

Auch einige Adjektive haben den Ablativus instrumentalis nach sich:

confisus/fretus	*vertrauend*	dignus	*würdig*
contentus	*zufrieden*	indignus	*unwürdig*
assuetus	*gewöhnt*	praeditus	*ausgestattet, begabt*

confisus amicitiā	*im Vertrauen auf die Freundschaft*
dignum esse laude	*lobenswert sein*

- Der **Ablativus modi** drückt die Art und Weise aus:

summo (cum) studio	*mit höchstem Eifer*
defendere	*verteidigen*

Folgende Ausdrücke stehen im bloßen Ablativus modi:

iure	*zu Recht*	eodem modo	*auf dieselbe Weise*
iniuriā	*zu Unrecht*	hac ratione	*auf folgende Weise*
casu	*zufällig*	eā condicione/eā lege	*unter dieser Bedingung*
vi	*unter Gewaltanwendung, gewaltsam*	eo consilio/eā mente	*in dieser Absicht*

- Der **Ablativus qualitatis** bezeichnet eine Eigenschaft:

mulier eximiā formā	*eine außergewöhnlich schöne Frau*
Iuvenes bono animo erant.	*Die jungen Leute waren gut gelaunt.*

- Der **Ablativus pretii** gibt einen Wert oder Preis an:

stare/constare	*kosten*	vendere	*verkaufen*
emere	*kaufen*	venire	*verkauft werden*

magno emere	*teuer kaufen*
minimo vendere	*sehr billig verkaufen*

- Der **Ablativus mensurae** gibt bei Vergleichen das Maß an:

duobus annis prius/ante	*zwei Jahre früher/später*
multo melior	*viel besser*
quo maior, eo celerior	*je größer, desto schneller*

- Der **Ablativus limitationis** dient zur näheren Bestimmung oder Einschränkung:

deficere animo	*mutlos werden*
superare aliquem prudentiā	*jemanden an Klugheit übertreffen*
Maior natu sum quam soror mea.	*Ich bin älter als meine Schwester.*

- Der **Ablativus causae** gibt die Ursache an, vor allem bei Verben und Adjektiven der Gemütsbewegung:

gaudēre/laetari	*sich freuen*	laetus	*froh*
dolēre	*traurig sein*	maestus/tristis	*traurig*
gloriari	*sich rühmen*	superbus	*stolz*
irasci	*zornig sein*	fessus	*müde*

gaudēre nuntio	*sich über die Nachricht freuen*
maestus morte alicuius	*traurig über den Tod jemandes*
fessus aetate	*altersschwach*

Oft steht beim Ablativus causae ein PPP, das in der Regel nicht übersetzt wird, z. B.:

dolore motus	*aus Schmerz*
irā incensus	*vor Wut*

- Der **Ablativus separativus**, der Ablativ der Trennung, wird bei folgenden Verben und Adjektiven ohne Präposition gebraucht:

carēre	*nicht haben*	spoliare/privare	*berauben*
egēre	*benötigen*	solvere	*lösen*

Bloßer Ablativ oder Ablativ mit einer Präposition steht nach:

liberare (a)	*befreien*	liber (a)	*frei*
vacare (a)	*frei sein*	vacuus (a)	*leer, frei*
arcēre (a)	*abhalten*	tutus (a)	*sicher*
prohibēre (a)	*fernhalten*		
abstinēre (a)	*abhalten*		

egēre consilio	*einen Rat brauchen*
liberare (a) curis	*von Sorgen befreien*
vacuus doloribus	*schmerzfrei*

Bei Städten und kleineren Inseln gibt er den **Ausgangspunkt** an:

Romā proficisci	*aus Rom aufbrechen*
Navis Delo nondum	*Das Schiff ist noch nicht aus Delos*
revertit.	*zurückgekehrt.*
aber: ex urbe proficisci	*aus der Stadt abreisen*

- Der **Ablativus originis** zeigt die soziale Herkunft an:

  nobili genere ortus/natus　　　　　*aus einer vornehmen Familie stammend*

- Der **Ablativus comparationis** wird bei Vergleichen im Komparativ anstelle der Konstruktion mit quam verwendet:

  Terra sole minor est. ⎫
  statt: Terra minor est quam sol. ⎭　　*Die Erde ist kleiner als die Sonne.*

- Der **Ablativus loci (Lokativ)** steht bei einer Ortsangabe ohne Präposition:

Carthagine vivere	*in Karthago leben*
totā urbe	*in der ganzen Stadt*
terrā marique	*zu Wasser und zu Land*

Sonderformen:

Romae	*in Rom*
domi	*zu Hause*
domi militiaeque	*in Krieg und Frieden*

In der Regel ist der Lokativ von der Präposition in mit Ablativ verdrängt worden: in Italia – *in Italien;* in urbe esse – *in der Stadt sein.*

Er steht auch beim Ort nach folgenden Verben, die im Deutschen die Frage „wohin?" erfordern:

ponere/(col-)locare	*stellen, aufstellen*	ponere/ducere/	
considere	*sich setzen*	habēre	*rechnen zu*
consistere	*sich stellen*	consumere	*verwenden*

statuam in foro collocare	*eine Statue auf das Forum stellen*
tempus in litteris consumere	*Zeit auf die Wissenschaften verwenden*

- Der **Ablativus temporis** bestimmt einen Zeitpunkt oder Zeitraum:

vere	*im Frühling*
postero die	*am folgenden Tag*
paucis annis	*innerhalb weniger Jahre*

9 Präpositionen

In Verbindung mit einem Substantiv oder einem Pronomen bilden Präpositionen (Verhältniswörter) meist eine Adverbiale. Dabei gibt es drei Verwendungsmöglichkeiten:

- **örtlich:**   a silvā   *vom Wald her*
- **zeitlich:**   ab urbe conditā   *seit Gründung der Stadt (Rom)*
- **übertragen:**   ab amico   *vom Freund*

9.1 Präpositionen mit dem Akkusativ

ad	*(bis) zu, an, bei*	ad ripam – *zum Ufer* ad portam – *beim Tor*
adversus	*gegen, gegenüber*	adversus montem – *gegenüber dem Berg*
ante	*vor*	ante lucem – *vor Tagesanbruch* ante oculos – *vor Augen*
apud	*bei*	apud inferos – *in der Unterwelt*
circa/circum	*ringsum, um ... herum, bei*	circum se habere – *um sich haben*
contra	*gegen, gegenüber*	contra legem – *gesetzwidrig*
extra	*außer, außerhalb*	extra fines civitatis – *außerhalb des Staatsgebietes*
intra	*innerhalb, binnen*	intra paucas horas – *innerhalb weniger Stunden*
iuxta	*neben, nahe bei*	iuxta murum – *neben der Mauer*
ob	*gegen, wegen*	quam ob rem – *deswegen*
per	*durch, durch ... hindurch, mittels*	per silvam – *durch den Wald* per insidias – *hinterlistigerweise*
post	*nach, hinter*	post tergum – *hinter dem Rücken* post hominum memoriam – *seit Menschengedenken*
praeter	*vorbei an, außer*	praeter urbem – *an der Stadt vorbei* praeter unum omnes – *alle außer einem Einzigen*
prope	*nahe bei, neben, um ... herum*	prope oppidum – *nahe bei der Stadt*
propter	*nahe bei, neben, wegen*	propter viam – *nahe beim Weg* propter misericordiam – *aus Mitleid*

secundum	längs, gemäß	secundum flumen – *den Fluss entlang*
super/supra	*oberhalb, über … hinaus*	supra mare – *über dem Meer*
trans	*über, hinüber, jenseits*	trans mare navigare – *über das Meer segeln*

9.2 Präpositionen mit dem Ablativ

a/ab	*von, von … her, seit*	a latere – *von der Seite* ab aliquo laudari – *von jemandem gelobt werden*
cum	*mit*	cum amicis – *mit den Freunden* magno cum periculo – *unter großer Gefahr*
de	*von, von … herab, über*	de muro iacere – *von der Mauer werfen* quā de causā – *aus diesem Grund*
e/ex	*aus, aus … heraus, seit*	ex urbe egredi – *aus der Stadt herausgehen* ex eo tempore – *seit dieser Zeit*
pro	*vor, für, anstelle von*	pro libertate certare – *für die Freiheit kämpfen*
sine	*ohne*	sine dubio – *zweifellos*

9.3 Präpositionen mit dem Akkusativ und dem Ablativ

in + *Akk.*	*in, nach, gegen* (auf die Frage „wohin?")	in lucem dormire – *in den Tag hinein schlafen* iustitia in omnes – *Gerechtigkeit gegen alle*
in + *Abl.*	*in, an, auf, bei* (auf die Frage „wo?")	in senatu dicere – *in/vor dem Senat eine Rede halten* in hac re – *in dieser Sache*
sub + *Akk.*	*unter, unterhalb, bis an, bei* (auf die Frage „wohin?")	sub montem venire – *an den Fuß des Berges gelangen* sub noctem – *kurz vor Einbruch der Nacht*
sub + *Abl.*	*unter, unterhalb, bei* (auf die Frage „wo?")	sub terra – *unter der Erde* sub regno alicuius – *unter der Herrschaft jemandes*

10 Nominalkonstruktionen

10.1 Infinitiv

Der Infinitiv kann wie ein Substantiv als Subjekt und Objekt verwendet werden, dabei kann er aber auch wie ein Verb durch Objekte ergänzt und durch Adverbien näher bestimmt werden. Die fehlenden Kasus des Infinitiv Präsens Aktiv werden durch das Gerund (→ S. 65) ersetzt.

10.1.1 Der Infinitiv als Subjekt

- bei unpersönlichen Verben und Ausdrücken:

Libere dicere licet.	*Es ist erlaubt frei zu sprechen.*
Errare humanum est.	*Irren ist menschlich.*

- in Verbindung mit einem Prädikatsnomen. Ist kein Beziehungswort (Subjekt) vorhanden, steht das Prädikatsnomen im Akkusativ Singular Neutrum:

Prodest divitem esse.	*Es ist vorteilhaft reich zu sein.*

10.1.2 Der Infinitiv als Objekt

Der Infinitiv steht als Objekt bei Verben im Aktiv und Deponentien, die eine Ergänzung durch ein Objekt benötigen, besonders bei Verben des Wollens, Könnens, Müssens, Bewirkens und Unterlassens:

Potuit in urbem redire.	*Er konnte in die Stadt zurückkehren.*
Conatus est litteram scribere.	*Er versuchte einen Brief zu schreiben.*

Das Prädikatsnomen steht beim Objektsinfinitiv im Nominativ:

Homines beati esse conantur.	*Die Menschen versuchen glücklich zu sein.*

10.2 AcI – Akkusativ mit Infinitiv

Audio amicum venire.	*Ich höre den Freund kommen =* *ich höre, dass der Freund kommt.*

Von audio ist abhängig: a) das Akkusativobjekt amicum, b) der Infinitiv venire, also ein Akkusativ mit Infinitiv. Der Akkusativ wird im Deutschen zum Subjekt des Nebensatzes, der Infinitiv wird zum Prädikat. Als Übersetzungshilfe bietet sich ein dass-Satz an. Auch das Prädikatsnomen steht hier im Akkusativ:

Scimus te beatum esse.	*Wir wissen, dass du glücklich bist.*
Video vos nuntio laetatos esse.	*Ich sehe, ihr habt euch über die Nachricht gefreut.*

Ist das Subjekt des übergeordneten Satzes dasselbe wie im AcI, steht ein Reflexivpronomen:

Scit se aegrotum esse.   *Er weiß, dass er krank ist.*
aber: Scio eum aegrotum esse.   *Ich weiß, dass er krank ist.*

Die drei Zeitstufen des Infinitivs im AcI bezeichnen jeweils verschiedene Zeitverhältnisse: Bei Gleichzeitigkeit der Handlungen steht Infinitiv Präsens, bei Vorzeitigkeit des Nebensatzes Infinitiv Perfekt und bei Nachzeitigkeit Infinitiv Futur:

credo credebam	te hoc intellegere	*ich glaube, du verstehst das* *ich glaubte, du würdest das verstehen*
credo credebam	te hoc intellexisse	*ich glaube, du hast das verstanden* *ich glaubte, du habest das verstanden*
credo credebam	te hoc intellecturum esse	*ich glaube, du wirst das verstehen* *ich glaubte, du werdest das verstehen*

Nach Verben hat der AcI die Funktion eines Objekts, nach unpersönlichen Ausdrücken die eines Subjekts. Der AcI steht:

- bei **Verben und Ausdrücken des Sagens**:
    Mater patrem in horto esse dicit.   *Mutter sagt, Vater sei im Garten.*
    Amicus Gaium non valēre nuntiavit.   *Der Freund meldete, dass Gaius nicht gesund sei.*

- bei **Verben und Ausdrücken des Wahrnehmens, Meinens und Wissens**:
    Scio te fidelem esse.   *Ich weiß, dass du zuverlässig bist.*
    Patere tua consilia, Catilina, non sentis?   *Merkst du denn nicht, Catilina, dass deine Pläne kein Geheimnis sind?*

- bei **Verben und Ausdrücken der Gefühlsäußerung**:
    Miror te venisse.   *Ich wundere mich, dass du gekommen bist.*

    Doleo matrem tuam aegrotam esse.   *Es tut mir Leid, dass deine Mutter krank ist.*

- bei **Verben des Veranlassens und Hinderns**:
    Veto te in flumine natare.   *Ich verbiete dir im Fluss zu schwimmen.*

    Tarquinius milites arcem claudere iussit.   *Tarquinius befahl den Soldaten die Burg zu schließen.*

10 *Nominalkonstruktionen*

Wird die Person, der etwas befohlen wird, nicht genannt, erscheint der Infinitiv im Passiv:

Tarquinius arcem claudi iussit. *Tarquinius befahl die Burg zu schließen.*

imperare – *befehlen* steht immer mit ut!

* bei **velle** – *wollen*, **malle** – *lieber wollen*, **nolle** – *nicht wollen*, **cupere** – *wünschen*, **studēre** – *sich bemühen*:

Volo vos omnes contentos esse. *Ich will, dass ihr alle zufrieden seid.*

Te diutius hic versari nolo. *Ich will nicht, dass du dich noch länger hier aufhältst.*

optare – *wünschen* steht immer mit ut!

* bei **unpersönlichen Ausdrücken**:

oportet	es gehört sich	apparet	es ist offenbar
opus est	es ist nötig	constat	es ist bekannt
necesse est	es ist notwendig	fama est/fert	es geht das Gerücht

Apparet te mentitum esse. *Du hast offensichtlich gelogen.*

Fama fuit vos Romam profectos esse. *Es ging das Gerücht, ihr seiet nach Rom gereist.*

* im **verschränkten Relativsatz** (→ S. 76):

Sequor amicum, quem prudentem esse scio. *Ich folge dem Freund, der, wie ich weiß, klug ist.*

Besonderheiten:

* Je nach Konstruktion wird unterschiedlich übersetzt:

	Acl	Finalsatz mit ut/ne
monēre	*erinnern*	*ermahnen*
persuadēre	*überzeugen*	*überreden*
concedēre	*zugeben*	*erlauben*

- Nach **sperare** – *hoffen*, **promittere, pollicēri** – *versprechen*, **iurare** – *schwören* und **minari** – *drohen* steht im AcI der Infinitiv Futur, im Deutschen dagegen meist Präsens:

  Spero te venturum esse.   *Ich hoffe, dass du kommst.*

- Nach Verben der Sinneswahrnehmung kann statt des AcI auch der Akkusativ mit Partizip (AcP) stehen, wenn eine unmittelbare Wahrnehmung ausgedrückt werden soll:

  Audio te loquentem.   *Ich höre, dass (= wie) du sprichst.*

10.3 NcI – Nominativ mit Infinitiv

Treten die Verben, nach denen der AcI als Objekt steht, ins Passiv und werden persönlich konstruiert, wird statt des AcI der NcI verwendet. Er steht bei:

videri	*scheinen*	fertur/feruntur	*man erzählt, dass*
dici	*gesagt werden (= es heißt)*	traditur/traduntur	*es wird überliefert,*
iuberi	*befohlen werden*		*dass*

Milites arcem claudere
iussi sunt.
*Den Soldaten wurde befohlen
die Burg zu schließen.*
Videris verum non dicere.
*Du scheinst nicht die Wahrheit
zu sagen.*

Beati esse dicimini.
Es heißt, ihr seid glücklich.
Troia decem annos a Graecis
obsessa esse fertur.
*Man erzählt, Troia sei zehn Jahre
lang von den Griechen belagert
worden.*

10.4 Partizip

Das Partizip kann die Funktion eines Adjektivs und eines Verbs haben. Es richtet sich in beiden Fällen in Kasus, Numerus und Genus nach seinem Beziehungswort. Es kann aktiv oder passiv sein. Wird es verbal gebraucht, gibt sein Tempus das Zeitverhältnis zwischen dem Vorgang des Partizips und dem des übergeordneten Verbs an: Das Partizip Präsens erfasst einen gleichzeitigen Vorgang, das Partizip Perfekt einen vorzeitigen Vorgang und das Partizip Futur einen nachzeitigen Vorgang:

gleichzeitig: scribens taceo   *ich schweige, während ich schreibe*
vorzeitig: locutus taceo   *ich schweige, nachdem ich gesprochen habe*
nachzeitig: adiuturus venio   *ich komme, weil ich helfen will*

Das Partizip kann **attributiv** verwendet werden:

praemium promissum   *die versprochene Belohnung*
homines appetentes gloriae   *nach Ruhm strebende Menschen*

oder **prädikativ:**

Plato scribens mortuus est.	*Plato starb beim Schreiben.*
Multi appetentes gloriae sunt.	*Viele sind ruhmgierig.*

10.4.1 Participium coniunctum

Als Participium coniunctum bezeichnet man ein Partizip, das sich auf einen Satzteil bezieht und in der Regel durch ein Objekt oder eine Adverbiale erweitert ist:

Caesar milites suos cohortatus proelium commisit.	*Cäsar ermutigte seine Soldaten und begann den Kampf.*
Multi homines in his oppidis habitantes igni necati sunt.	*Viele Menschen, die in diesen Städten wohnten, sind durch das Feuer getötet worden.*

Der logische Zusammenhang der Partizipialkonstruktion zum gesamten Satz ist zu erschließen: Er kann temporal, kausal, konditional, konzessiv, final oder modal sein. Übersetzt wird das Participium coniunctum am besten durch einen Nebensatz, einen beigeordneten Hauptsatz oder einen präpositionalen Ausdruck.

Troia decem annos obsessa denique a Graecis expugnata est.	*Nachdem Troia zehn Jahre lang belagert worden war, wurde es schließlich von den Griechen erobert* (temporal) oder *Nach zehnjähriger Belagerung wurde Troia schließlich von den Griechen erobert* (präpositionaler Ausdruck).
Tibi nos in summo periculo tutato grati sumus.	*Wir sind dir dankbar, weil du uns in höchster Gefahr beschützt hast* (kausal) oder *Du hast uns in höchster Gefahr beschützt, daher sind wir dir dankbar* (beigeordneter Hauptsatz).
Te ducem sequentes certe aberrabimus.	*Wenn wir dir als Führer folgen, werden wir sicher in die Irre gehen* (konditional).
Auxilium tuum nobis pollicitus non adiuvisti.	*Obwohl du uns deine Hilfe versprochen hast, hast du uns nicht geholfen* (konzessiv).
Multi te inopinantem observant.	*Viele beobachten dich, ohne dass du es merkst* (modal).

10.4.2 Ablativus absolutus

Der Ablativus absolutus ist ein Ablativ mit einem prädikativen Partizip. Im Unterschied zum Participium coniunctum ist er **nicht von einem Glied des übrigen Satzes abhängig**. Daher kann man ihn in der Übersetzung von der Konstruktion des Satzes lösen. In der Regel bezeichnet er einen näheren Umstand der Haupthandlung (Adverbiale). Die Übersetzung erfolgt ähnlich wie beim Participium coniunctum (→ siehe oben).

Troiā deletā Graeci in patriam navigaverunt.	*Nachdem Troia zerstört worden war, segelten die Griechen nach Hause zurück* oder *Nach der Zerstörung Troias segelten die Griechen nach Hause zurück.*
Multis foras clamantibus somnum capere non potui.	*Weil draußen viele lärmten, konnte ich nicht einschlafen* oder *Draußen lärmten viele, so dass ich nicht einschlafen konnte.*
Aeneā ducente Troiani Italiam appetiverunt.	*Unter der Führung von Aeneas erreichten die Troianer Italien.*

Beim Ablativus absolutus bezeichnet das Partizip das Zeitverhältnis des Begleitumstandes zur Haupthandlung (→ S. 63):

| Sole oriente profecti sumus. | *Bei Sonnenaufgang brachen wir auf.* |
| Sole orto profecti sumus. | *Nach Sonnenaufgang brachen wir auf.* |

- Nominale Wendungen statt Partizip: Statt eines Ablativus absolutus kann auch ein prädikativ gebrauchtes Substantiv oder Adjektiv im Ablativ stehen:

Caesare duce	*unter der Führung Cäsars*
me duce	*unter meiner Führung*
amico auctore	*auf Veranlassung des Freundes*
Cicerone consule	*unter Ciceros Konsulat*
Tarquinio rege	*unter der Herrschaft des Tarquinius*
Hannibale vivo	*zu Lebzeiten Hannibals*
me invito/nobis invitis	*gegen meinen/unseren Willen*
matre insciā	*ohne Wissen der Mutter*

10.5 Gerund

Der Infinitiv Präsens Aktiv kann **substantiviert** verwendet werden, dies jedoch nur als Subjekt oder Akkusativobjekt. Für die anderen Fälle, besonders **Genitiv**, **Akkusativ** und **Ablativ**, seltener Dativ, werden daher die **Gerundformen** eingesetzt. Das Gerund kommt nur im Singular vor.

Natare me delectat.	*Schwimmen macht mir Spaß.*
Natare didici.	*Ich habe schwimmen gelernt.*
Facultas natandi hominibus data est.	*Die Fähigkeit zu schwimmen ist den Menschen gegeben.*
Piscis ad natandum natus est.	*Der Fisch ist zum Schwimmen geboren.*
Natando corpus firmamus.	*Durch Schwimmen werden wir kräftig.*

- Das Gerund im Genitiv steht bei Substantiven als Attribut und bei Adjektiven, die ihre Ergänzung im Genitiv haben (→ S. 49) sowie nach den Ablativen causā und gratiā – *um ... willen:*

ars scribendi	*die Kunst zu schreiben/*
	des Schreibens
cupidus videndi	*begierig zu sehen*
loquendi causā	*um des Sprechens willen =*
	um zu sprechen

- Das Gerund im Akkusativ steht nur bei Präpositionen, meistens mit ad zur Bezeichnung eines Zweckes, besonders bei natus – *geboren,* paratus – *bereit,* aptus/idoneus – *geeignet,* facilis – *leicht,* iucundus – *angenehm:*

Hic locus ad requiescendum	*Dieser Ort ist zum Ausruhen*
idoneus est.	*geeignet.*

- Das Gerund im Ablativ steht mit oder ohne Präposition, besonders in und de:

Docendo discimus.	*Durch Lehren lernen wir.*
in cogitando	*beim Nachdenken*

- Das Gerund kann auch mit Adverbien, Adverbialen und Objekten verbunden werden:

ars recte scribendi	*die Kunst richtig zu schreiben*
consilium ex urbe exeundi	*der Entschluss die Stadt zu*
	verlassen
spes epistulam accipiendi	*die Hoffnung einen Brief zu*
	bekommen

10.6 Gerundiv

Mit dem Gerundiv wird ausgedrückt, dass **etwas getan werden soll oder muss** bzw., wenn es verneint ist, **etwas nicht getan werden darf**. Es hat auch bei Deponentien passive Bedeutung:

laudandus	*ein zu lobender = einer, der gelobt*
	werden muss
Victoria admiranda est.	*Der Sieg ist bewunderungswürdig.*
Artificium delendum	*Das Kunstwerk darf nicht zerstört*
non est.	*werden.*

Bei transitiven Verben wird das Gerundiv persönlich konstruiert. Die Person, die etwas tun muss oder nicht darf, steht im Dativ (Dativus auctoris):

Victoria nobis celebranda est.	*Der Sieg muss von uns gefeiert*
	werden.

Bei intransitiven Verben tritt die unpersönliche Konstruktion im Neutrum mit der 3. Person Singular von esse ein:

Parendum est.	*Man muss gehorchen.*
Vobis parendum est.	*Ihr müsst gehorchen.*

10.6.1 Attributive Verwendung

liber legendus	*ein lesenswertes Buch*
consilium urbis relinquendae	*der Entschluss die Stadt zu verlassen*

- im Genitiv und Ablativ kann sowohl das Gerund als auch das Gerundiv verwendet werden. Bei dieser Konstruktion muss das Gerundiv **aktivisch** übersetzt werden:

	spes epistulae accipiendae	*die Hoffnung einen Brief*
oder:	spes epistulam accipiendi	*zu bekommen*
	Discimus re spectandā.	*Wir lernen, indem wir die Sache*
oder:	Discimus rem spectando.	*betrachten.*

- bei präpositionalen Ausdrücken, besonders mit in, de und ad:

In libro legendo addormivit.	*Beim Lesen des Buches schlief sie ein.*
Locum idoneum ad animum reficiendum quaerimus.	*Wir suchen einen geeigneten Ort zur Erholung.*

10.6.2 Prädikative Verwendung

Liber tibi legendus non est.	*Du darfst das Buch nicht lesen.*

- Bei folgenden Verben des Übergebens und Überlassens bezeichnet das Gerundiv den Zweck einer Handlung:

dare	*geben*	committere	*anvertrauen*
tradere	*übergeben*	permittere/concedere	*überlassen*
mittere	*schicken*	relinquere	*zurücklassen*
suscipere	*übernehmen*	curare	*besorgen lassen*

Caesar pontem in flumine faciendum curat.	*Cäsar lässt eine Brücke über den Fluss schlagen.*
Alexander a patre Aristoteli educandus traditus est.	*Alexander wurde von seinem Vater dem Aristoteles zur Erziehung übergeben.*

10.7 Das Supin

Beim Supin handelt es sich um erstarrte Fälle von u-Stämmen. Es sind Nominalformen, die sehr selten vorkommen.

- Das Supin auf -um (Supin I) wird zur Angabe eines Zieles oder Zweckes verwendet:
  salutatum venire *zur Begrüßung kommen*

- Das Supin auf -u (Supin II) hat finalen Sinn:
  difficile dictu *schwer zu sagen*

11 Modi und Zeitenfolge

11.1 Modi

Die lateinische Sprache hat wie die deutsche drei Modi, d. h. Aussageweisen.

- Der **Indikativ** drückt die Wirklichkeit aus:
  Aves per aëra volant.   *Vögel fliegen durch die Luft.*
  Cogito, ergo sum.   *Ich denke, also bin ich.*

- Der **Konjunktiv** gibt Möglichkeit, Vorstellung, Wunsch und Unwirklichkeit an:
  Taceat!   *Möge er doch schweigen!*
  Si pecuniam haberem,   *Wenn ich Geld hätte, wäre ich*
  felix essem.   *glücklich.*

- Der **Imperativ** ist die Befehlsform:
  Cave canem!   *Nimm dich vor dem Hund in Acht!*

11.2 Zeitenfolge (Consecutio temporum) in Nebensätzen

11.2.1 indikativische Nebensätze

Hauptsatz	Gliedsatz	
	gleichzeitig	vorzeitig
Präsens	Präsens	Perfekt
Imperfekt, Perfekt, Plusquamperfekt	Imperfekt, Perfekt, Plusquamperfekt	Plusquamperfekt
Futur I	Futur I	Futur II

gleichzeitig:
Respondeo, si possum.   *Ich antworte, wenn ich kann.*
Donec ego scripsi, tu legisti.   *Solange ich schrieb, hast du gelesen.*
Cum domum veniam, laetus   *Wenn ich nach Hause kommen*
ero.   *werde (= komme), werde ich froh*
                                           sein.

vorzeitig:
Dormio, cum edi.   *Ich schlafe, wenn ich gegessen habe.*
Cum domum veneram,   *Wenn ich nach Hause gekommen*
laetus eram.   *war (= kam), war ich froh.*
Cum epistulam legero,   *Wenn ich den Brief gelesen haben*
ambulabo.   *werde (= gelesen habe), werde ich*
                                           spazieren gehen.

11.2.2 konjunktivische Nebensätze

Hauptsatz	Nebensatz		
	gleichzeitig	vorzeitig	nachzeitig
Präsens, Futur	Präsens	Perfekt	-urus sim
Imperfekt, Perfekt, Plusquamperfekt	Imperfekt	Plusquamperfekt	-urus essem

gleichzeitig:

Rogo te, quid agas.   *Ich frage dich, was du tust.*
Rogabam te, quid ageres.   *Ich fragte dich, was du tatest.*

vorzeitig:

Rogabo te, quid egeris.   *Ich werde dich fragen, was du getan hast.*

Rogavi te, quid egisses.   *Ich habe dich gefragt, was du getan hattest.*

nachzeitig:

Rogabo te, quid acturus sis.   *Ich werde dich fragen, was du tun wirst.*

Rogaveram te, quid acturus esses.   *Ich hatte dich gefragt, was du tun würdest.*

12 Hauptsätze

Hauptsätze sind selbstständige Sätze, die unabhängig von einem anderen Satz stehen können. Man unterscheidet **Aussagesätze**, **Begehrsätze** und **Fragesätze**.

12.1 Aussagesätze

Es gibt drei Arten von Aussagesätzen: Sie drücken entweder einen wirklichen (realen), möglichen (potentialen) oder unwirklichen (irrealen) Sachverhalt aus:

- **Reale Aussagesätze** stehen im Indikativ. Achtung: Bei posse und paene steht im Deutschen der Konjunktiv:

Puer in aquam cecidit.	*Der Junge ist ins Wasser gefallen.*
Paene cecidi.	*Beinahe wäre ich hingefallen.*

- **Potentiale Aussagesätze** bezeichnen eine Möglichkeit oder abgemilderte Behauptung. Potentiale Aussagesätze der Gegenwart stehen im Konjunktiv Präsens oder Perfekt (das Perfekt hat hier keine Vergangenheitsbedeutung), potentiale Aussagesätze der Vergangenheit im Konjunktiv Imperfekt:

dicat (dixerit) aliquis	*es könnte jemand sagen*
non affirmaverim	*ich möchte nicht behaupten*
crederes	*man hätte glauben können*

- **Irreale Aussagesätze** der Gegenwart stehen im Konjunktiv Imperfekt, irreale Aussagesätze der Vergangenheit im Konjunktiv Plusquamperfekt:

Sine feriis vita tristis esset.	*Ohne Ferien wäre das Leben traurig.*
Sine te desperavissem.	*Ohne dich wäre ich verzweifelt.*

12.2 Begehrsätze

Man unterscheidet Begehrsätze, die eine **Aufforderung**, ein **Gebot** oder ein **Verbot** enthalten, und Begehrsätze, die einen **Wunsch** enthalten. Bei den Wunschsätzen unterscheidet man erfüllbare und unerfüllbare. Die Verneinung wird immer mit **ne** gebildet.

- **Aufforderung**, **Gebot** und **Verbot** stehen im Konjunktiv Präsens oder Imperativ:

Cantemus!	*Lasst uns singen! Wir wollen singen!*
Taceat!	*Er soll schweigen!*
Curre! Currite!	*Lauf! Lauft!*
Ne desperes!	*Verzweifle nicht!*

Ein Verbot steht bei der 2. Ps. Sg. oder Pl. im Konjunktiv Perfekt oder es wird durch noli/nolite + Infinitiv Präsens umschrieben:

Ne hoc feceris!	*Tu das nicht!*
Noli/nolite timere!	*Hab/Habt keine Angst!*

- **Erfüllbar gedachte Wunschsätze** stehen im Konjunktiv Präsens für die Gegenwart, im Konjunktiv Perfekt für die Vergangenheit, oft eingeleitet mit **utinam** – *wenn doch, dass doch,* verneint mit **ne**.

Quod di bene vertant!	*Das mögen die Götter zum Guten lenken!*
Utinam ne sero venias!	*Hoffentlich kommst du nicht zu spät!*
Utinam ne frustra dixerim!	*Hoffentlich habe ich nicht vergeblich gesprochen!*

- **Unerfüllbar gedachte Wunschsätze** stehen im Konjunktiv Imperfekt für die Gegenwart, im Konjunktiv Plusquamperfekt für die Vergangenheit, immer eingeleitet mit **utinam**, verneint mit **ne**:

Utinam viveret!	*Wenn er doch noch am Leben wäre!*
Utinam ne piger fuisses!	*Wenn du doch nicht faul gewesen wärst!*

12.3 Unabhängige Fragesätze

Bei den unabhängigen (direkten) Fragesätzen unterscheidet man **Wortfragen**, **Satzfragen** und **Doppelfragen**.

- **Wortfragen** werden mit einem **Fragewort** eingeleitet und beziehen sich nur auf ein einzelnes Wort:

Quem exspectatis?	*Auf wen wartet ihr?*
Quando ego vos conveniam?	*Wann werde ich euch treffen?*

- **Satzfragen** beziehen sich auf den Inhalt des ganzen Satzes und verlangen die Entscheidung ja oder nein. Sie werden durch die Fragepartikel **–ne** (Antwort: ja oder nein), **nonne** (Antwort: ja, doch) oder **num** (Antwort: nein) eingeleitet:

Apportavitne nuntius epistulas?	*Hat der Bote die Briefe gebracht?*
Nonne amicam aegrotam visitavisti?	*Hast du die kranke Freundin etwa nicht besucht?*
Num dubitas id facere?	*Zögerst du etwa, dies zu tun?*

- **Doppelfragen** stellen zwei oder mehr Möglichkeiten zur Wahl. Das erste Glied kann durch **utrum** oder angehängtes **–ne** eingeleitet werden, aber auch ohne Fragepartikel stehen. Das zweite und alle folgenden Glieder werden durch **an** – *oder* eingeleitet:

Utrum manebimus an proficiscemur? ⎫
Manebimusne an proficiscemur? ⎬ *Bleiben wir oder*
Manebimus an proficiscemur? ⎭ *brechen wir auf?*
Manebimus an non?　　　　　　　 *Bleiben wir oder nicht?*

13 Nebensätze

Vom übergeordneten Satz, dem Hauptsatz, können ein oder mehrere Nebensätze (Gliedsätze) abhängen. Ist ein Nebensatz von einem Hauptsatz abhängig oder ihm untergeordnet, heißt er Nebensatz ersten Grades, ist ein weiterer Nebensatz von diesem Nebensatz abhängig, heißt er Nebensatz zweiten Grades usw.

Die wichtigsten Arten von Nebensätzen sind **Fragesätze**, **Konditionalsätze** und **Relativsätze** (zu weiteren **Nebensätzen** → S. 76).

13.1 Abhängige Fragesätze

Abhängige (indirekte) Fragesätze sind Nebensätze, die eine Frage enthalten. Sie sind abhängig von Verben des Fragens, Sagens, Wissens und Denkens. Sie stehen immer im Konjunktiv und richten sich nach der Zeitenfolge (→ S. 69).

- Abhängige Wortfragen werden wie die unabhängigen (→ S. 72) durch Fragepronomina oder Frageadverbien eingeleitet:

Interrogas, quid	faciam. fecerim. facturus sim.	Du fragst, was	ich mache. ich gemacht habe. ich machen werde.
Sciebam, cur id	ageret. egisset. acturus esset.	Ich wusste, warum	er das tat. er das getan hatte. er das tun würde.

- **Abhängige Satzfragen** werden durch **–ne** oder **num** – *ob, ob nicht,* **an** – *ob nicht,* **an non** – *ob* und **si** – *ob, ob nicht* eingeleitet.

Iudex me interrogavit, latronesne vidissem.	*Der Richter fragte mich, ob ich die Räuber (nicht) gesehen hätte.*
Captivi conabantur, si effugere possent.	*Die Gefangenen versuchten, ob sie (nicht) fliehen könnten.*
Hand scio, an erres.	*Ich weiß nicht, ob du nicht irrst = vermutlich irrst du.*
aber: Non dubito, **quin** verum dicas.	*Ich bezweifle nicht, dass du die Wahrheit sagst.*

 dubitare + Infinitiv – *zögern:* Num dubitas id facere? – *Zögerst du etwa, dies zu tun?*

- Abhängige **Doppelfragen** leiten das zweite Glied mit **an** – *oder* ein. Beim ersten Glied kann **utrum** oder **–ne** stehen:

Considerate, (utrum) facta(ne) an dicta pluris sint.	*Überlegt, ob Taten oder Worte mehr wert sind.*

13.2 Konditionalsätze (Bedingungssätze)

Ein konditionales Satzgefüge besteht aus dem bedingenden Nebensatz (eingeleitet mit „wenn") und dem bedingten Hauptsatz, der die Folge enthält. Es gibt drei Möglichkeiten, das Verhältnis zur Wirklichkeit auszudrücken: den **Realis**, den **Potentialis** und den **Irrealis** (zur Zeitenfolge → S. 72).

- **Realis:** Bedingung und Folgerung werden als wirklich dargestellt. Es steht der Indikativ aller Zeiten:

    Si hoc dicis, erras.   *Wenn du das sagst, irrst du dich.*
    Si hoc dixisti, erravisti.   *Wenn du das gesagt hast, hast du dich geirrt.*
    Si hoc dices, errabis.   *Wenn du das sagen wirst (= sagst), wirst du dich irren.*

- **Potentialis:** Bedingung und Folgerung werden als möglich dargestellt. Es steht der Konjunktiv Präsens oder Perfekt. Das Perfekt hat hier keine Vergangenheitsbedeutung.

    Si hoc dicas, erres.   *Wenn du das sagen solltest,*
    oder: Si hoc dixeris, erraveris.   *dürftest du wohl irren.*

- **Irrealis:** Bedingung und Folgerung werden ausdrücklich als unwirklich dargestellt. Beim Irrealis der Gegenwart steht in Haupt- und Nebensatz der Konjunktiv Imperfekt, beim Irrealis der Vergangenheit der Konjunktiv Plusquamperfekt:

    Si hoc diceres, errares.   *Wenn du das sagen würdest, würdest du dich irren.*
    Si hoc dixisses, erravisses.   *Wenn du das gesagt hättest, hättest du dich geirrt.*

13.3 Relativsätze

Relativsätze werden mit Relativpronomina, Adjektiven (z. B. quantus, qualis) und Adverbien (z. B. ubi, quā, quo) eingeleitet. Sie erläutern ein Nomen des übergeordneten Satzes. Das Relativpronomen richtet sich in Genus und Numerus nach seinem Beziehungswort im übergeordneten Satz, im Kasus aber nach seiner Funktion als Satzteil des Relativsatzes.

Puer, qui in foro stat, flet.   *Der Junge, der auf dem Forum steht, weint.*

Fabulae, quas mater narrat, pulchrae sunt.   *Die Geschichten, die die Mutter erzählt, sind schön.*
Nobiles, quorum iura Solo minuerat, contenti non erant.   *Die Adligen, deren Rechte Solon eingeschränkt hatte, waren unzufrieden.*

- Relativsätze, die eine **Tatsache** oder **verallgemeinernde Relativpronomina** enthalten, stehen im **Indikativ:**

  In urbe domūs aedificantur, quae
  altissimae sunt.
  Quidquid agis, prudenter agas.

  *In der Stadt werden Häuser
  gebaut, die sehr hoch sind.
  Was du auch tust, tue es klug.*

- Relativsätze können einen **finalen, konsekutiven, kausalen oder konzessiven Nebensinn** haben; das Verb steht dann im **Konjunktiv:**

  Cicero nuntium misit,
  qui haec diceret.
  Non ei sunt, qui periculis
  terreantur.

  *Cicero schickte einen Boten, der
  Folgendes sagen sollte* (final).
  *Sie gehören nicht zu denen, die
  sich von Gefahren abschrecken
  ließen* (konsekutiv).

- **relativer Satzanschluss:** Statt eines Demonstrativpronomens leitet ein Relativpronomen den Hauptsatz ein:

  Quis ignoret Neronem?
  Qui incendium Romae excitasse
  dicitur. Quā de re populus
  Romanus iratus erat.

  *Wer kennt Nero nicht? Er soll den
  Brand Roms angestiftet haben.
  Darüber war das römische Volk
  wütend.*

- **verschränkter Relativsatz:** Das Relativpronomen kann mit anderen Konstruktionen, die im Relativsatz stehen, eine enge Verbindung (Verschränkung) eingehen, die man im Deutschen jeweils auflösen muss:

  Iis fidem habemus, quos
  plus intellegere quam nos
  arbitramur.

  *Wir vertrauen denen, von denen wir
  glauben, dass sie (= die, wie wir
  glauben,) einsichtiger sind als wir.*

13.4 Nebensätze und ihre Konjunktionen

13.4.1 Finalsätze (Begehr- und Zwecksätze)

ut	m. Konj.	dass, damit, um zu
	Opto, ut venias.	*Ich wünsche, dass du kommst.*
	Edo, ut vivam.	*Ich esse um zu leben.*
	nach den Verben des Fürchtens	dass nicht
	Timeo, ut veniat.	*Ich fürchte, dass er nicht kommt.*
ne	m. Konj.	dass nicht, damit nicht
	Oro te, ne abeas.	*Ich bitte dich nicht wegzugehen.*
	nach den Verben des Fürchtens	dass
	Timeo, ne veniat.	*Ich fürchte, dass er kommt.*

ne, **quominus**	nach den Verben des Hinderns Impedio, ne/quominus fugiat.	dass *Ich hindere ihn zu fliehen.*
quo **(= ut eo)**	vor einem Komparativ Magister exempla narrabat, quo facilius discipuli rem intellegerent.	damit umso *Der Lehrer erzählte Beispiele, damit die Schüler die Sache umso leichter begriffen.*

13.4.2 Konsekutivsätze (Folgesätze)

ut	m. Konj. Nemo tam prudens est, ut omnia sciat.	dass, so dass *Niemand ist so klug, dass er alles weiß.*
ut non	m. Konj. Nemo tam prudens sit, ut falli non possit.	dass nicht *Niemand ist so klug, dass er nicht getäuscht werden könnte.*
quin	nach verneintem Hauptsatz Non tam difficile est, quin conari possis.	dass nicht *Nichts ist so schwer, dass du es nicht versuchen könntest.*

13.4.3 Temporalsätze (Zeitsätze)

cum	m. Konj. (cum historicum) Cum domum irem, sol occidit.	als *Als ich nach Hause ging, ging die Sonne unter.*
cum	m. Ind. (cum relativum) Cum Caesar in Galliam venit, duae factiones ibi erant.	(damals) als *Als Cäsar nach Gallien kam, gab es dort zwei Parteien.*
cum	m. Ind. (cum iterativum) Cum tui memineram, gaudebam.	sooft, jedes Mal wenn *Jedes Mal, wenn ich an dich dachte, freute ich mich.*
cum	m. Ind. (cum inversivum) Vix epistulam amici legeram, cum ipse venit.	als, da *Kaum hatte ich den Brief des Freundes gelesen, da kam er selbst.*
dum	m. Ind. Präs. Dum Troiani dormiunt, urbs a Graecis incensa est.	während *Während die Troianer schliefen, wurde die Stadt von den Griechen angezündet.*

dum, donec, quoad, quamdiu	m. Ind. Donec eris felix, multos numerabis amicos.	solange (als) *Solange du glücklich bist, wirst du viele Freunde haben.*
dum, donec, quoad	m. Ind. oder Konj. Mane, dum redeo! Magnus clamor erat, quoad magistra vēnit.	solange (bis) *Bleibe, bis ich wiederkomme!* *Es herrschte lautes Geschrei, bis die Lehrerin kam.*
antequam, priusquam	m. Ind. oder Konj. Priusquam profectus sum, librum legi.	bevor *Bevor ich aufbrach, las ich ein Buch.*
cum/ubi/ut (primum), simul(-ac/ -atque)	m. Ind. Perf. Ubi primum me conspexit, laeta me salutavit.	sobald als *Sobald sie mich sah, begrüßte sie mich freudig.*
postquam	m. Ind. Perf. Postquam librum legi, cubitum ii.	nachdem *Nachdem ich das Buch gelesen hatte, ging ich schlafen.*

13.4.4 Kausalsätze (Begründungssätze)

quod, quia, quoniam	m. Ind. (bei objektivem Grund) A te auxilium peto, quia calamitate oppressus sum. m. Konj. (bei subjektivem Grund) Caesar queritur, quod destitutus sit.	weil, weil ja, da ja *Ich suche Hilfe bei dir, weil ich von Unglück bedrängt bin.* *Cäsar beklagt sich, weil er getäuscht worden sei.*
cum	m. Konj. (cum causale) Cum peritus sis, me adiuvare potes.	da, weil *Da du Erfahrung hast, kannst du mir helfen.*

13.4.5 Konditionalsätze (Bedingungssätze)

si	m. Ind. oder Konj. Si hoc putes, erres.	wenn, falls *Wenn du das glauben solltest,* *irrst du dich wohl.*
nisi (ni)	m. Ind. oder Konj. (bei Verneinung eines einzelnen Wortes: si non) Nisi adiuvisses, servatus non essem.	wenn nicht *Wenn du nicht geholfen* *hättest, wäre ich nicht* *gerettet worden.*
quodsi	m. Ind. oder Konj. Quodsi larvas esse credas, erres.	wenn aber *Wenn du aber glaubst, dass* *es Gespenster gibt, irrst du* *dich.*
dum, **dummodo,** **modo**	m. Konj., Verneinung mit ne Oderint, dum metuant!	wenn nur, wenn bloß *Sie sollen (mich) ruhig hassen,* *wenn sie nur (vor mir) Angst* *haben!*
sive – sive **(seu – seu)**	m. Ind. oder Konj. Sive manetis sive abitis, periculum non est.	sei es, dass – sei es, dass *Ob ihr bleibt oder weggeht,* *es besteht keine Gefahr.*
tamquam, **quasi, velut** **si, ac si**	m. Konj. Loqueris de hac re, quasi expertus sis.	als ob, wie wenn *Du sprichst von dieser Sache,* *als verstündest du etwas* *davon.*

13.4.6 Konzessivsätze (Einräumungssätze)

quamquam	m. Ind. Quamquam sero est, domum ire non volo.	obwohl, obgleich *Obwohl es schon spät ist, will ich noch nicht nach Hause gehen.*
etsi, etiamsi, tametsi	m. Ind. oder Konj. Etsi me offendisti, tibi ignosco.	wenn auch, selbst wenn *Wenn du mich auch beleidigt hast, verzeihe ich dir.*
quamvis, licet, ut	m. Konj. Ut desint vires, tamen est laudanda voluntas.	wenn auch, obwohl *Wenn auch die Kräfte fehlen, so ist doch der gute Wille zu loben.*
cum	m. Konj. (cum concessivum) Socrates cum facile fugere posset, noluit.	obwohl *Obwohl Sokrates leicht hätte fliehen können, wollte er es nicht.*

13.4.7 Adversativsätze (Gegensatzsätze)

cum	m. Konj. (cum adversativum) Alter sedulus est, cum alter pigerrimus sit.	während, wohingegen *Der eine ist fleißig, während der andere sehr faul ist.*

13.4.8 Modalsätze (Nebensätze der Art und Weise)

cum	m. Ind. (cum explicativum) Cum tacent, clamant.	indem, dadurch dass *Indem sie schweigen, protestieren sie.*

13.5 Mehrdeutige Konjunktionen

cum	m. Konj. historicum causale concessivum adversativum	*als* *da, weil* *obwohl, obgleich* *während, wohingegen*

cum	m. Ind.	
	temporale	*damals, als; zu der Zeit, als*
	iterativum	*sooft, jedesmal (wenn)*
	inversum	*als, da*
	coincidens	*indem, dadurch dass*
	(primum) m. Ind. Perf.	*sobald als*
ut	m. Konj.	
	in Finalsätzen	*dass, damit, um zu*
	nach den Verben des Fürchtens	*dass nicht*
	in Konsekutivsätzen	*(so) dass*
	in abhängigen Fragesätzen	*wie*
	in Konzessivsätzen	*wenn auch, obwohl*
ut	m. Ind.	
	in Komparativsätzen	*wie*
	(primum) m. Ind. Perf.	*sobald als*
ne	m. Konj.	
	in Finalsätzen	*dass nicht, damit nicht, um nicht zu*
	nach den Verben des Fürchtens und Hinderns	*dass*
quin	m. Konj.	
	nach verneinten Verben des Hinderns	*dass*
	in Konsekutivsätzen	*dass nicht*
	in abhängigen Fragesätzen	
	nach dubitare	*dass*
quod	m. Konj. und Ind.	
	in Kausalsätzen	*weil*
	in Nebensätzen, die eine Tatsache enthalten (faktisches quod)	*die Tatsache dass*
	als Relativpronomen	*das*
dum	m. Ind. Präs.	*während* (temporal)
	m. Ind.	*so lange als*
	m. Ind. oder Konj.	*so lange bis*
	m. Konj.	*wenn nur*

Abkürzungen

Abl.	Ablativ	n	Neutrum
AcI	Akkusativ mit Infinitiv	NcI	Nominativ mit Infinitiv
adj.	adjektivisch	Nom.	Nominativ
Akk.	Akkusativ	Part.	Partizip
Dat.	Dativ	Perf.	Perfekt
f	Femininum	Pl.	Plural
Fut.	Futur	Plusqu.	Plusquamperfekt
Gen.	Genitiv	PPP	Partizip Perfekt Passiv
Imp.	Imperativ	Präs.	Präsens
Imperf.	Imperfekt	Ps.	Person
Ind.	Indikativ	Sg.	Singular
Inf.	Infinitiv	subst.	substantivisch
Konj.	Konjunktiv	Vok.	Vokativ
m	Maskulinum		

Register

- adverbiale Bestimmung
  KNG - Regel
- Infinitiv als Satzteil
- Adjektiv als Attribut
  KNG
- Adjektiv als Präd.Nomen
  Apposition
- Relativ
- Prop. id
- Konsonant, Konj. mit q.u
- Imperativ
- esse, prodesse, posse
- Vocativ
- Personalpron.
- Fragesätze
- genitiv   - Poss.
             - Subjekt.
- AcI   - Objekt.